JN008596

今なら
つくれる
明日の安心

世代別 新NISA、iDeCo 徹底活用法

竹中正治
Masaharu Takenaka
岩城みずほ
Mizuho Iwaki

日本経済新聞出版

目次

第4章 １００歳まで安心のマネープランをアドバイス
――引退前から引退後の資産運用

2 引退後も運用を続ければ資産寿命が延びる——60代・70代が100歳まで資産をもたせる合理的な取り崩し方　179

序章

あなたにもできる資産形成

「勤め続ければ安泰」の時代は終わった

充実した人生を送るために望ましい基本的な条件は何でしょうか。一般論としてまとめると、①健康な身体、②所得と資産、③家族、友人、同僚などとの人間関係――などであることを否定する人はいないと思います。ところが、筆者たちの印象として、戦後の日本人にとって、これらのうち「資産」を形成することに対する意識が希薄という気がします。

例えば、昭和生まれ世代の代表的な人生イメージは次のようなものではないでしょうか。

「ひたすら働けばお給料（所得）が増え、余ったお金は預貯金で蓄え、預貯金が増えたら、それを頭金にローンで住宅を購入、ボーナス払いもしながら、引退するまでに住宅ローンを完済。そうすれば、退職金と年金（公的年金）で老後の生活は大丈夫……」

こんな旧世代の意識が崩れてきたのが、過去20年間の日本です。かく言う筆者（竹中正治）

も40歳になるまでは、そうした意識にどっぷり浸かっていた人間のひとりです。ところが40代に入る1990年代の後半に、勤めていた銀行が合併するという一種の衝撃がありました。

その結果、職場の雰囲気、企業カルチャーが大きく変わり、「この銀行に60歳まで勤める気にはなれないな」と思い始めたのが変化の始まりです。今の企業（銀行）組織を離れた時に、自分がどれだけ稼げるか。何が所得の支えになるか。はじめて真剣にそうした意識が浮上したのです。

しかも1998年は、銀行の不良債権危機で戦後最悪の不況になった年です。バブルの時には破天荒な高値をつけた株価や不動産価格が地に落ちたような時期でした。「世間一般が悲観一色に染まっている今こそ株式や不動産の購入で資産を形成する千載一遇のチャンスだ」という、ちょっと大げさに言うと意識の覚醒が起こったのです。それ以来、都心部のマンションと内外の株式への投資を始め、その後大学教員に転職し、エコノミスト兼個人投資家として長期投資に徹した資産形成に取り組んできました。

「お金の不安」につけ込まれてはいけない

本書を手にされた方の意識にも、世代を超えて「資産形成」という言葉が共通に浮かんでいるはずです。もしあなたがまだ若い現役の方だったら、「今後給与がどのくらい増えるかわからない」「自分が引退して年金を受け取るようになった時に、年金だけでは足りないのではないか」などの不安があるでしょう。

あるいは50歳を過ぎて、そろそろ引退後の生活設計をどうするか考えている方もいるでしょう。昔に比べると人生は長くなっています。90歳、いや100歳まで生きるかもしれない。「年金と退職金だけで相応の生活を維持できるだろうか？」――そんな不安を抱いている人も多いはずです。さらには、既に引退したが、これまでの貯蓄をどの程度取り崩して生活費や遊興費として使うか、貯蓄を取り崩すことに漠然とした不安を感じている方も少なくないでしょう。

しかも相応の預貯金残高があっても、過去20年以上にわたって預貯金はほとんどゼロ金利です。その一方でデフレやゼロインフレ時代は終わり、前年比で3～4％という消費者物価の上昇が始まっています。預貯金がゼロ金利では物価の上昇分だけ預貯金の実質的な価値（購買力）が減少してしまうことは、誰にでもわかることです。しかし「株式や不動産のようなリスクのある資産への投資は、自分にはわからない」と二の足を踏んでいる方々は少なくありません。

生きていれば様々な不安が生じるもので、不安に駆られること自体は自然なことです。肝心なのは、心の不安を受け止め、どのような困ったケースが起こり得るのかを特定し、それに適した対策を積み上げていくことです。ところが、そうした「お金」にまつわる人の不安を煽って商売にするような金融商品とセールスも出回り、惑わされてしまう方々が後を絶たないのが現実です。

資産形成は誰にでもできる

しかし**長期の時間とある程度の所得さえあれば、資産形成は決して難しくありません。**本書の目的は、合理的で効率的な資産形成のために必要な基礎知識と、具体的な資産形成シミュレーションを通して、資産形成と引退後の資産の取り崩しに関して、**信頼できる情報と指針を提供することです。**

もっと具体的に言うと、筆者**自身が25年間やってきた各種の投資手法**の中から、**最も簡単かつ長期の再現性のある手法として内外の株価指数に連動する積立投資の効果と活用法**を読者に納得してもらうことです。そして、それを実行する人が増えることが、21世紀の日本の家計資産と生活をずっと豊かな方向に変化させると、筆者はひとりのエコノミストとして確信しています。

まずは、17ページに掲示した図表0－1をご覧ください。これは過去20年間、米国株価指数と日本の株価指数（ＴＯＰＩＸ〈東証株価指数〉）に連動する株式投資信託2つに、毎月末各1万5000円、合計3万円の定額積立投資をしてきた場合の累積投資額と資産時価総額（税引き前、運用手数料差し引き前、２０２３年1月末時点）を示したものです。

累積投資額は20年間で７２０万円（3万円×12×20）、資産時価総額は２２３１万円で、累積投資額の３・1倍になります。**年率換算した利回りは９・９％**です。「そんなに増えるのか！」「そのくらいの投資なら私にもできる」と感じた方は、ぜひこの本を最後までお読みください。

この投資シミュレーションは実際の過去のデータに基づいたものであり、ＮＰＯ法人「みんなのお金のアドバイザー協会（ＦＩＷＡ）」（理事長・岡本和久氏）の「家計の資産形成応援ツール」のサイトで開示されている「株価指数連動定額積立投資シミュレーション・ソフト〜ＦＩＷＡつみたてインディくん〜」（プロトタイプ版、以下本書では、「ＦＩＷＡつみたてインディくん」あるいは「インディくん」と表記します）によるものです。これは筆者（竹中）が開発し、ＦＩＷＡのサイトにて無料で公開しています。

さらに関心のある方は同じサイトの「本格版（有償）」に利用登録していただくと、内外20種の株価指数（含む東証ＲＥＩＴ指数）の過去データに基づく投資シミュレーションや、将来の資産形成見込みなどを試算できる4種の機能が利用可能になります。「本格版」は筆者とＦＩＷＡが２０２２年春に共同でクラウドファンディングを行い、その資金で開発したものです。

長期で資産形成できる環境は整いつつある

幸いにも、近年はこうした株式投資などによる長期の資産形成を支援する税制優遇制度が新設され、拡充されています。個人型確定拠出年金（ｉＤｅＣｏ〈本書では「イデコ」と表記します〉、厚生労働省所管）や「つみたてＮＩＳＡ」（金融庁所管）を利用して内外の株式を対象にした投資信託で定額積立投資をする人が増えてきています。

とりわけ画期的なのは、**２０２４年から新しいＮＩＳＡ（少額投資非課税制度）がスタート**し、１人当たり年間１２０万円（つみたて投資枠）、累積投資元本で１８００万円まで非課税で無期限の運用ができるようになることです。１８００万円は大きな額で、「自分にそれだけ投資する余裕があるだろうか」と感じる人もいるでしょうが、30年で積み立てるとすれば年間の投資額は60万円、月額５万円に過ぎません。年収が１０００万円未満のミドルクラスの給与所得者家計でも、ボーナス資金も充当すれば無理な投資額ではないでしょう。

しかも夫婦ダブルインカム（共働き）が一般的になっている今日、２人でこの制度をフルに活用すれば、累積投資元本３６００万円、それが20～30年で３倍になり、引退する頃には金融資産１億円という資産形成は夢ではなく、現実的なシナリオなのです。一方、合理的な資産形成を行わず、預貯金一辺倒でやってきた人たちとの資産格差は、今後とても大きなものになるでしょう。

図表0-1　資産時価総額と累積投資額の推移

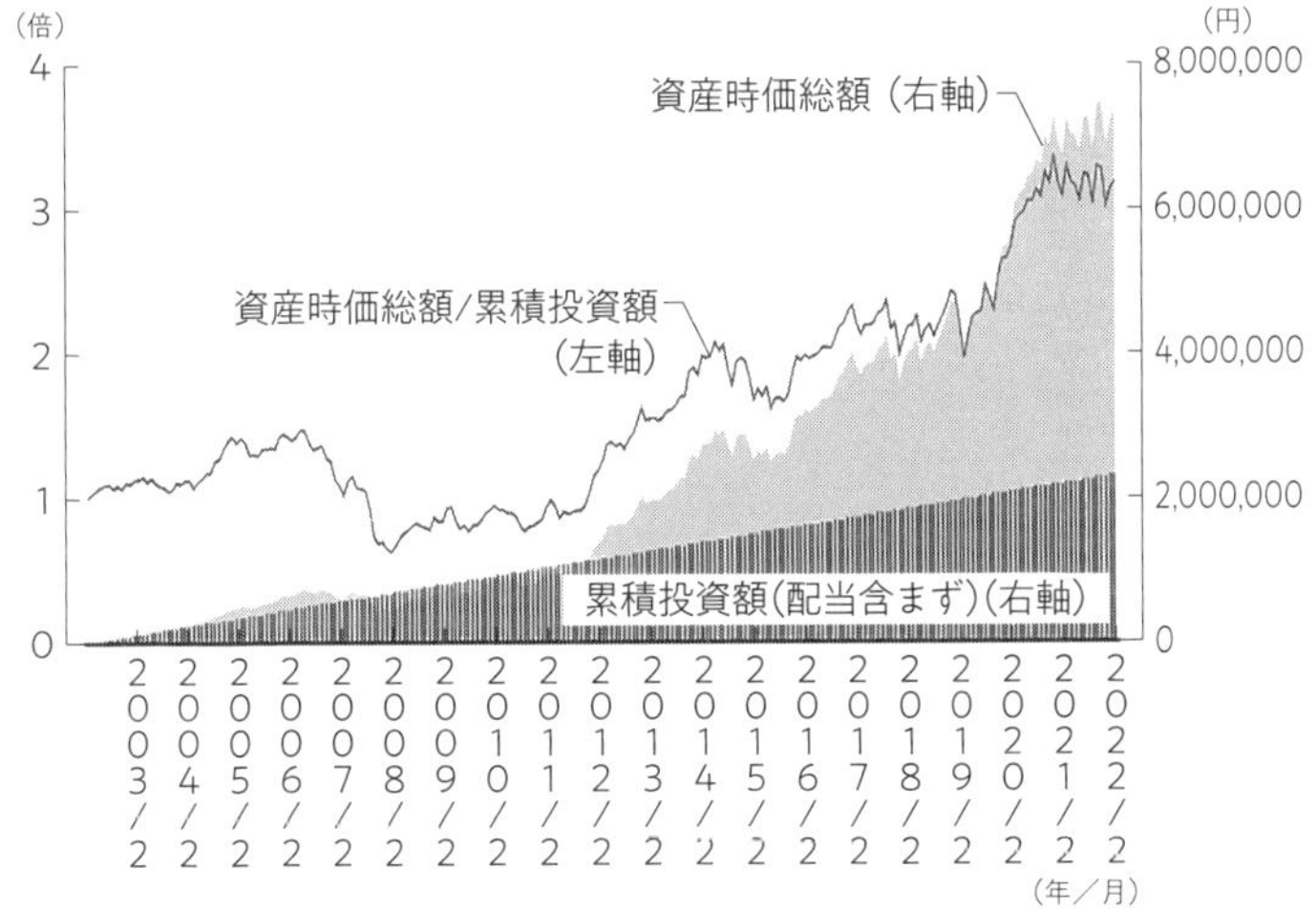

出所：「FIWAつみたてインディくん」にて計算・出力

合理的なリスクをとった〝放ったらかし運用〟

本書では「FIWAつみたてインディくん」の各種シミュレーション機能を利用しながら、合理的で効率的な資産形成のための基礎知識と、世代別のケースに応じた具体的な資産形成見込みの試算を提供いたします。また本書はFIWAの副理事長で「FIWAつみたてインディくん」開発のためのクラウドファンディングに携わった岩城みずほとの共著です。

投資に関する基礎知識を扱った第1章は竹中、NISAやイデコの改正、日本における投資助言業務のあり方、年金問題を扱った第2章は岩城の執筆です。世代別のケース・スタディの形をとった第3章と第4

図表0-2　株価指数連動定額積立投資シミュレーション・ソフト
~FIWAつみたてインディくん~

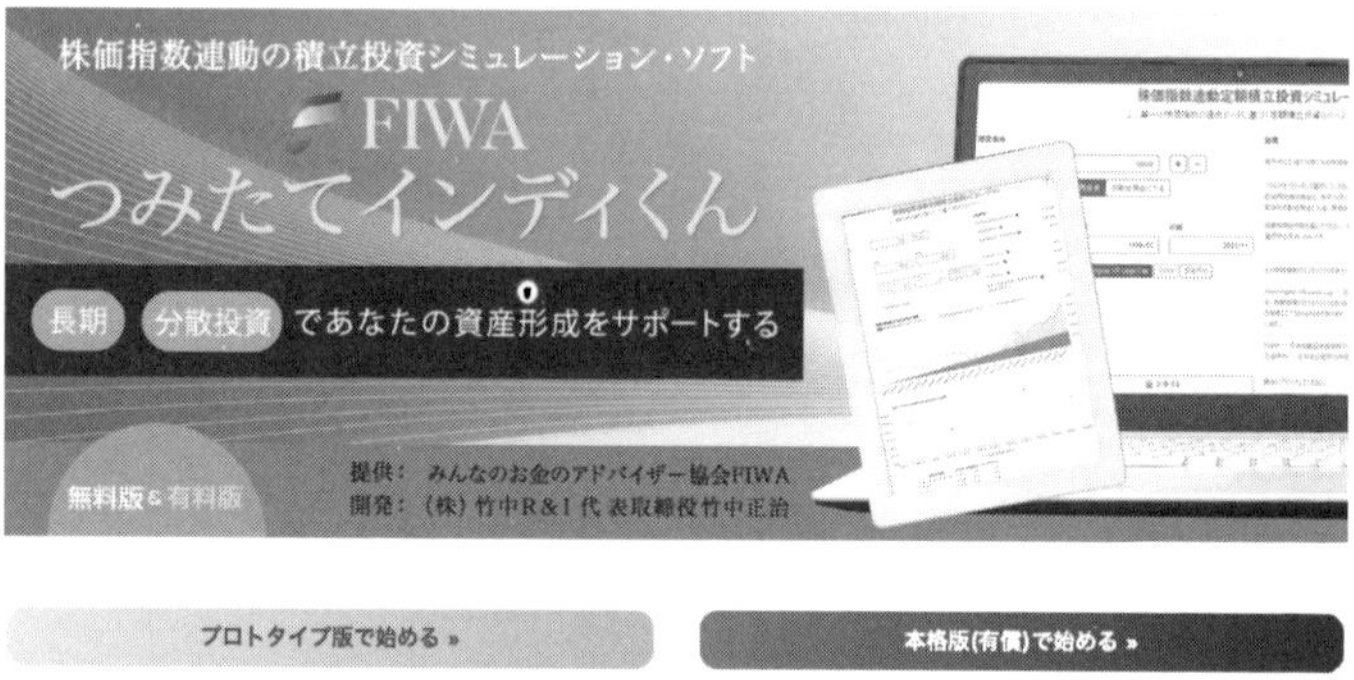

出所：https://fiwa.or.jp/simulation/

章は共同で執筆していますが、事例の作成とマネープラン、公的年金の試算・解説などは主に岩城、投資の手法に関する部分は主に竹中が担当しています。特に岩城は、公的年金の解説と将来見込み額の例示にもかなり力を注ぎました。

つみたてNISAやイデコが「自助」による資産形成である一方、公的年金は国全体で行われる「共助」です。残念ながら公的年金については、その将来の不安を過度に煽るような言説がメディアも含めて横行しているように思えます。

しかし、年金不安を感じている方々は、ご自身で自分の年金見込み額をきちんと確認したことがあるでしょうか。そうした確認をせずに、なんとなく不安に駆られているだけの人が多いように思えます。

そこで本書では、厚生労働省が最近作成した「公的年金シミュレーター」を使って、将来の年金の見込み額の例示もしています。

将来の公的年金の見込み受給額を踏まえ、つみたてＮＩＳＡや確定拠出年金（ＤＣ）を使用して、合理的にリスクをとった運用をすれば、**放っておいても引退後安心できるだけの資産は形成できます。**このことを納得できれば、無用な不安に駆られて**必要以上に消費を切り詰めたり、**「リスクなしで高い利回りが実現できる」というような**詐欺まがいの手口に惑わされること**もなくなるでしょう。そして**ゆったりとした視点で、自分の生活と世界を観ることができるよ**うになるはずです。本書が読者の皆様のそうした意識の変革に貢献できましたら、幸甚です。

第1章

投資による資産形成の基本を理解しよう
——「株式投資は難しい」は最大の誤解

1 コイン投げのゲームでわかる株式投資の必勝法

株式投資の王道——〝間違った思い込み〟に気づこう

最初に、株式など価格が変動する資産で投資・資産形成をするための基本的な考え方を理解しておきましょう。デフレが終わり、物価の上昇が進むなかでほとんどゼロ金利の預貯金での貯蓄を続ければ、その実質的な価値（商品の購買力）が目減りすることは多くの人が理解していると思います。

では、それを補って資産を形成するために株式投資をするかといえば、「株式投資で成功するためには、多数の銘柄の中からどの株が上がるか選ばなければならないのでしょう？　あるいは株価が上がりそうなタイミングを選んで買う必要があるのでしょう？　私はそういうことはわからないので……」と思って二の足を踏んでいる方が多いのが現実です。

ところが、その思い込みが最大の間違いなのです。短期の株式売買ではなく、長期にわたる株式投資の本質を理解するために、次のような2つの取引ゲームを考えてください。

ゲーム1：100万円を払うと1年後に100％の確率で101万円が戻ってくる（収益1万円）

ゲーム2：100万円を払うと1年後に、コインを投げて表が出れば200万円が戻ってくる（収益100万円）。しかし裏が出れば50万円しか戻らない（損失50万円）

あなたはどちらかのゲームをしなくてはならないとすると、どちらを選ぶでしょうか。この種の心理学的な実験を行うと、多くの人は損失する可能性のないゲーム1を選ぶことがわかっています。**発生する収益と損失にそれぞれの確率をかけた値は「期待値」と呼ばれています。**ゲーム1の期待値は、当然1万円です。一方、ゲーム2の期待値は、以下の計算でプラス25万円になります。

＋25万円＝＋100万円×0.5－50万円×0.5

確率を織り込んだ期待値はゲーム2のほうが大きいのに、なぜ多くの人が損失する可能性のないゲーム1を選ぶのでしょうか。この傾向は、行動経済学で人間の行動特性における「損失回避」と呼ばれています。人は同額の収益と損失の場合、収益を得る喜びよりも、損失することによる不快感を強く感じる傾向があります。ですから多くの場合、よほど博打《ばくち》好きの人でない限り、確率50％で50万円も損をする可能性のある取引をわざわざしようとは思わないのです。この点は筆者（竹中）自身も同様です。

既に読者は気がついていると思いますが、リスクのないゲーム1は預貯金等による貯蓄・資産形成に相当します。一方、収益は大きいが損失可能性もあるゲーム2は、株式投資など「リスク性資産」による投資・資産形成に相当します。

ここで重要なポイントは、多くの人に損失回避的な行動特性があるが故に、ゲーム1を選ぶ人は多数であり、ゲーム2を選ぶ人は少数であるということです。その結果としてゲーム2の期待値はプラス25万円、ゲーム1の期待値はプラス1万円と、期待値に大きな違いが生まれることとです。実際、ここに示した勝ち負け五分五分のゲームで、損失額の何倍の収益があればゲームを行うかを問う心理学実験では、平均的に損失額の2倍以上の収益がないと人はリスクのあるゲームをしないという結果が出ています。そうした人間のリスクに対する選好、許容度に基づいて株式市場における株価形成も出来上がっていると考えられます。この期待値の違い、すなわちリスクのある資産の収益の期待値（期待リターン）とリスクのない資産のリターンの格差を「**リスク・プレミアム**」と呼びます。

ところで、もしこのゲーム2に必勝法があると言ったらどうでしょうか。負けるリスクを嫌う人でも、「必勝法があるなら、やりますよ」と答えるでしょう。正確に言うと、「ほとんど必勝法」です。それは簡単で、このゲームを1回限りではなく、100回、1000回と何度も繰り返すゲームとしてやればよいのです。

ゲームの回数が2、3回なら、儲かるか損をするかは不確かです。しかしゲームの回数が増えるにつれて、累計の損益結果は期待値を中心にした分布になります。例えば100回のゲームであれば、累計の期待損益はプラス2500万円（＝＋25万円×100回）が平均値となります。収益は平均値から上振れるケースも下振れるケースもありますが、累計の損益がマイナスになる確率は回数が増えるほど限りなくゼロに向かって小さくなります。**何度も繰り返せる投資で、長期でリスク・プレミアム分だけ高いリターンを実現する。これこそが誰にでもできる株式投資の王道**なのです。

投資のポイント１――銘柄分散

実際の株式投資で、以上のようなゲーム２の必勝法を実現するために欠かせない条件が２つあります。第１の条件は銘柄のリスク分散です。「株式投資の醍醐味は上がりそうな企業の株を選ぶことだ」――そう思っている人は多いです。そういう投資も筆者は否定しません。しかし、日々本業に忙しい一般の人ができることではありません。

あるいは「そういう銘柄選びに長けた投資のプロに任せればよいのではないか」と考える人もいるでしょう。そのためには「投資のプロ」が「目利きをして運用する」投資信託（アクティブ・ファンド）を買うという選択肢があります。しかし本章の第３節で述べるように、投資のプロに任せるためにはコスト（運用手数料）を払わなければなりません。そして運用手数料差し引き後では、「投資のプロ」の成績も成功しているとは言えないのが現実なのです。

その代わりの選択肢が、代表的な株価指数（インデックス）に連動する投資信託（あるいはＥＴＦなどの上場投資信託）に投資することです。各国の株式市場では、自国の株式相場全体の変動を示す複数の株価指数が開示されています。日本では日経平均株価指数やＴＯＰＩＸ、米国ではダウ平均、Ｓ＆Ｐ５００、ＮＡＳＤＡＱ総合指数などが代表的な株価指数です。

株価指数に連動した投資信託を買うこと（「インデックス投資」と言います）の利点のひとつは、それが**小口の資金でも広くリスク分散された投資を可能にしてくれる**点です。リスク分散の効果については次節で詳しく説明しますが、とりあえず次のように理解してください。

個々の企業の株価は、その企業の固有の事情で上がったり下がったりします。例えば、日本の輸出企業であれば、為替相場が円高になると外貨建ての輸出契約で受け取る円貨額が減少して、売上減少、利益減少となります。そのため円高では株価が下落する傾向があります。一方、輸入企業であれば円高で外貨建て輸入契約で支払う円貨額は減少し、逆に利益が増え、株価が上がるでしょう。そこで双方の企業の株式を保有すれば、円相場の変動に伴う株価の変動はある程度相殺されます。その結果、企業の長期的な成長による株価の上昇や配当の増加による投資のリターンをより安定的に手にすることができることになります。

もちろん、個々の企業の株価（業績）が変動する要因は円相場以外にも無数にありますから、様々な要因に対する株価の変動が異なる銘柄をたくさん自分の投資残高（「ポートフォリオ」と呼びます）に保有したほうが、リスクを分散できることになります。その究極が「株式市場全体を買う」、つまり広範な企業の株価の平均的な動きを示す株価指数に連動して組成された投資ファンド（投資信託）を買うという選択肢になります。

こうした株価指数は広範な銘柄の一種の平均値で計算されるので、それに連動する投資信託は「上がりそうな株式を選ぶ」という作業をしません。手がかからない分だけ、運用手数料は非常に安く設定されています。この**運用手数料が僅少であることが、インデックス投資の「リ**

スク分散効果」と並ぶもうひとつの利点です。そして米国における長期にわたる実証的な調査を見る限り、インデックス・ファンドの運用成績（運用手数料差し引き後）は、多くの場合、アクティブ・ファンドを上回る結果が確認されています。この点は第3節で詳しく説明します。

こうしたインデックス・ファンドは1970年代に米国で開発、運用が始まり、1980年代になると米国の確定拠出年金（401k）などで年金運用の代表的な手法として普及してきました。1987年の株価急落（ブラックマンデー）、2001年のITバブル崩壊、2008年のリーマンショック、そして2020年春の新型コロナショックなど、株価が急落する場面は幾度もありました。しかしそういう局面でもインデックス・ファンドでの投資をやめずに継続すれば、預貯金や国債などに比べてはるかに高いリターンを生み出すことが定着し、米国家計の金融資産を増やしてきたのです。

一方、日本では、企業年金においても企業が年金資産を運用し一定額を給付する確定給付型の年金が長く支配的で、各個人が運用メニューを選べる確定拠出型の年金の導入は2000年代になってからです。実は、2000年代前半には日本と米国の1人当たりの家計金融資産額はほぼ同程度で、世界トップの水準でした。ところが今や、米国の1人当たり家計金融資産の規模は、日本の2倍を超えています。なぜこのような大きな差がついたのか。日本の家計金融資産の半分強がゼロ金利の預貯金に占められているのに対し、米国の家計金融資産はその約半分が株式と投資信託に投じられ、資産価格の変動リスクが高い代わりに、高いリターンで資産価値が伸びていることが主因であることがわかっています。

投資のポイント2――長期にわたる定額積立投資

株式投資で成功するために重要なもうひとつのポイントは、**投資のタイミングリスクを平準化した長期投資に徹することです**。例えば2008年の米国の金融危機（リーマンショック）で、米国のみならず日本を含めた世界中の株が暴落したことはご存じの通りです。その時は、日本でも米国でも、市場の平均的株価が直近の高値から半値、あるいはそれ以下に下落しました。リーマンショック前の2007年、まだ株価が高い時に、投資できる金額をありったけ投資していたら、損失額も大きく、その後の株価の上昇で損失が回復するまでに何年もかかったでしょう。

しかし、例えば2007〜2009年の3年間にタイミングを分割して購入していれば、暴落時にとても安く買えた分が加わり、株式の平均的な購入価格（取得原価）は大きく下がったはずです。その結果、その後の株価の回復で比較的早く損失を回復し、その後さらにリターンも高くなっているでしょう。

本書で主に取り扱う**積立投資は、毎月1回自動的に定額で株式投資を行うことで、**こうした

投資のタイミングリスクを回避することができます。先ほど説明したコイン投げのゲームの必勝法が、何度も多数回のゲームをすることだったことを思い出してください。

とりわけ20歳から30歳程度までの若い世代は、所得も限られているのが普通ですので、１０００万～２０００万円規模の投資を一括でできる人は極めて稀です。ですから毎月定額で1万～10万円程度の貯蓄を投資にまわす手法として、毎月1回の定額積立投資が適していま す。

さらに30～50歳の世代は、所得が増えても、子供の教育や住宅ローンの支払いなど支出も増えますから、よほど高額所得層でないと規模の大きな一括投資はできないでしょう。つみたてＮＩＳＡや確定拠出年金（ＤＣ）で、内外の株価指数に連動する投資信託やＥＴＦを長期にわたり定額で購入することが適しているわけです。

もっとも現役時代の貯蓄は預貯金のみで、例えば65歳で退職し、退職一時金としてまとまった金額を手にして、はじめて投資を考えることになったという方も少なくないでしょう。そういうケースでは20～30年の期間で積立投資をするのは適合的ではありません。運用できる資金をゼロ金利に近い預貯金で長く眠らせておくのは非効率すぎるからです。

そういう場合、筆者は3年程度の期間で毎月積み立てをすることをお勧めします。つまり運用できる資金が１８００万円ならば、36カ月で割って1カ月50万円の積立投資を3年間セットするのです。先ほども述べた通り、2008年のリーマンショックのような株価暴落に遭遇しても、3年程度の期間に投資のタイミングを分割できれば、購入価格はかなり平準化された取得原価になります。

よくある素人の失敗は、安値圏を自分で判断して「下がり切ったところでまとめて投資してやろう」と目論むことです。しかしどこが底値になるかなど「投資のプロ」にだって事前にはわからないのです。また、素人のよくあるパターンとして、株価の下げ局面では「まだ下がる、まだ下がる」と様子見になります。一転相場が反転、上昇し始めると、今度は直近の底値が記憶に強く残っているので、「またその水準まで下がったら買いたい」と思って、手が出なくなります。そうして投資の機会を失ったまま時間だけが過ぎていくのです。

自分で「投資の良いタイミングを判断できる」などという根拠のない自惚れは捨てて、毎月の定額積立てをセットしたら、**短期的な相場の上下動を神経質に気にするなどという無駄なことはやめて、**趣味なり、本業なり、自分がしたいことに専念するのが一番効率的です。

2 投資の基本、リターンとリスクを理解しよう

リターンは年率換算で測る

既にリターン（利回り）という言葉を説明抜きに使ってきましたが、投資・金融の世界でリターンとは、投資した元本が一定期間にどれだけ増えるかの比率で、通常は年率換算で表示されます。この場合、次のように複利で考えることを理解してください。１００万円の元本が年率５％で運用されると、１年後には１０５万円になります。では、10年後にはいくらになるでしょうか。

「１年で５万円増えるので、10年だと50万円増えるから、１５０万円になる」

それは単利の考え方で不正解です。毎年発生する５万円の増加分も加わることを考慮していないからです。実際には、次の計算で10年後には１６２・９万円になります。

162.9万円＝100×（1.05の10乗）

逆に10年後に１００万円を得るためには、年率リターンが５％だとすると、現在いくら投資する必要があるでしょうか。今度は掛け算ではなく、以下のように割り算となります。

61.4万円＝100／（1.05の10乗）

この場合、10年後の１００万円は将来受け取る金額ですから「**将来価値**」と呼びます。一方、資産が年率５％で増えることを前提に計算された61・４万円は「**現在価値**」、年率５％を**割引率（ディスカウント・レート）**と呼びます。

この将来価値、現在価値、割引率は、金融・投資の理解において極めて重要な基礎概念です。

例えば、あなたは今35歳で、将来引退するのが仮に65歳だとしましょう。65歳の時点でいくらの金融資産を保有していたいか。仮に３０００万円（将来価値）だとしましょう。今、手元には５００万円（現在価値）あるとすると、今後30年間、毎月いくら投資すればよいのでしょうか。期待できるリターンを与えれば答えを得ることができますが、将来価値、現在価値、割引率は、その算出のために必要な計算の基礎となります。

繰り返しになりますが、リターンは特にことわりがない限り、年率で表示します。「年率」とは期間を1年にした場合に何パーセント増えるかという表示です。期間をそろえることでリターンの高い・低いが比較できるので、年率化することが欠かせないわけです。

図表1-1　トヨタ自動車とソフトバンクグループの株価の推移

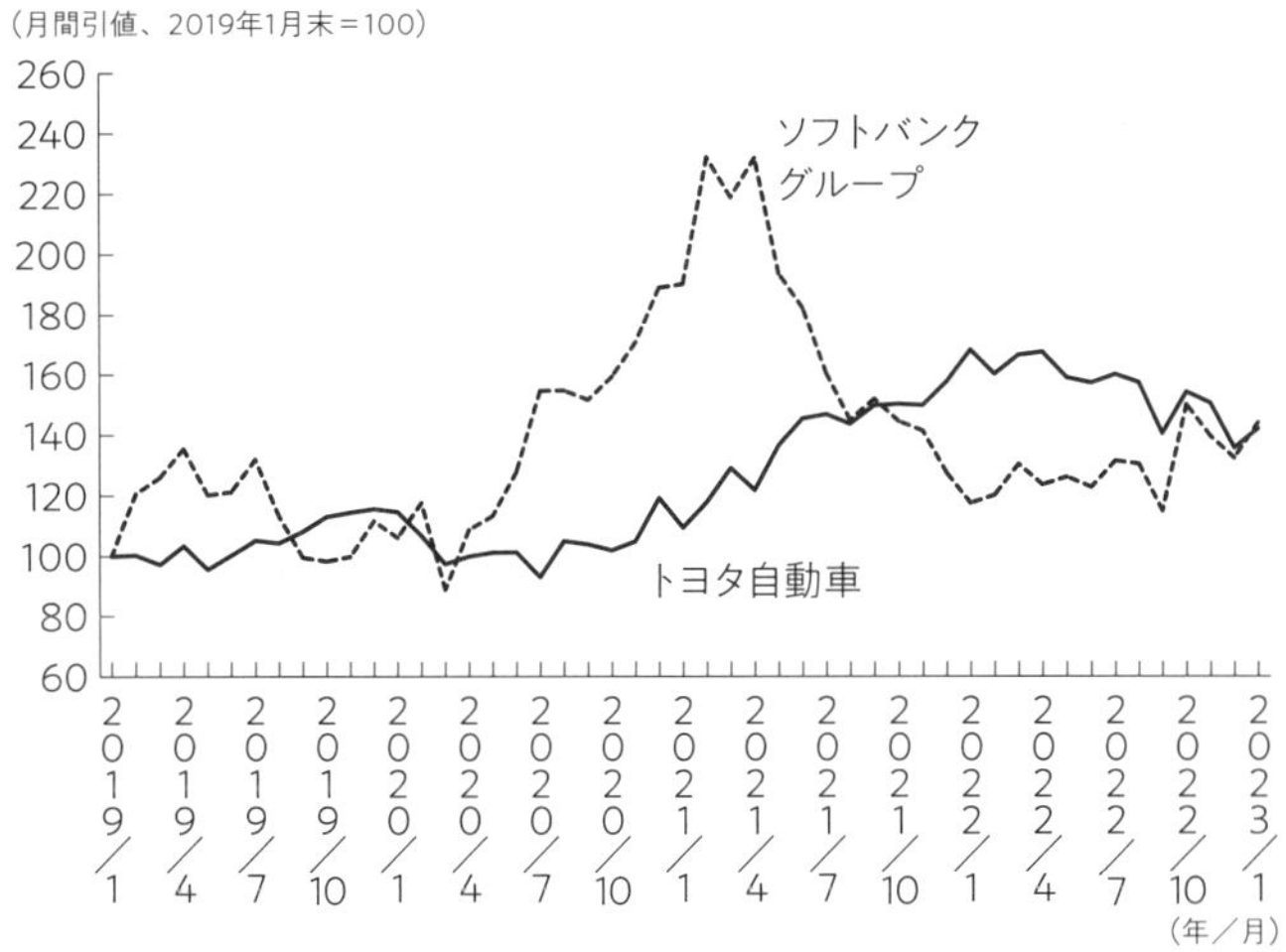

出所：Yahoo!ファイナンス

リスクも計測できる

次に、リスクについてご説明します。

リスクというと、漠然と「損失する可能性の度合い」だとイメージする人が多いでしょう。しかし**金融・投資の世界では、リターンと同じようにリスクも計算できるものとして定義されています**。金融・投資の世界では、リスクとはその資産のリターンの変動性の高低として計算されます。変動性が高ければそれだけ、あなたが投資した元本金額がその時々の市場価格で評価した資産額を大きく下回る確率も高くなります。

つまり株価の変動が激しい銘柄は、株価が相対的に安定している銘柄よりリスクが高いということです。図表１－１は、トヨ

図表1-2　トヨタ自動車とソフトバンクグループの株価の前月末比の推移

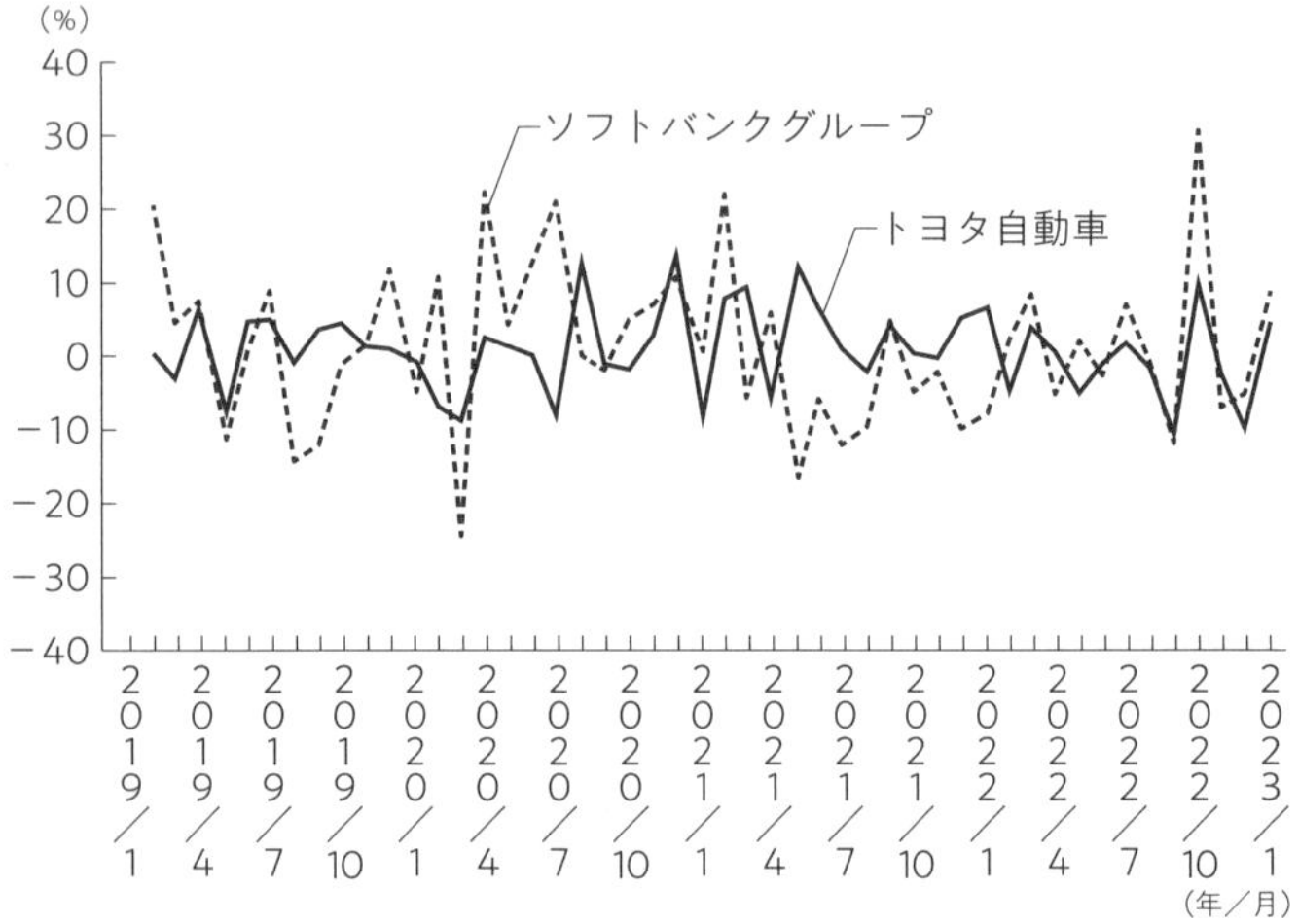

出所：Yahoo!ファイナンス

タ自動車の株価（実線）とソフトバンクグループの株価（破線）の推移です。明らかにソフトバンクグループの株価のほうがトヨタより変動が激しく、リスクが高いと言えます。

リスクの計測においては、例えば一定期間の株価の前月末の終値から当月末の終値の変化率（％）を計算して、そのバラツキの度合いが大きいほどリスクは高いと言うことができます。データのバラツキの度合いには「標準偏差」という統計概念が使われます。

図表1－2は、先ほどの両社の株価の前月末比（％）の変化をグラフにしたものです。ソフトバンクグループ（破線）のほうが上下の変動幅が大きいことがわかりま

す。このグラフのデータの標準偏差を計測すれば、それが変動性としてのリスクの値になります。パソコンソフトのエクセルには標準偏差を計算してくれる関数機能（＝STDEV（　））がありますから、エクセルにデータを落とせば簡単に計算できます。

計測の単位は月次のみならず、日次、週次でも同様にできます。株価変動の大局的・長期的動きを対象にするならば月次のデータ、短期の細かい動きを対象にしたいのなら日次のデータで計測すればよいでしょう。ちょうど顕微鏡でミクロの対象を見る時に、その見たい対象の大きさに合わせて倍率を変化させるのと同じです。

なおこの際、リターンと同様にリスクも「年率換算」することが重要です。なぜなら、日次の変化率よりも期間の長い週次や月次のデータのほうが、大きな変動になるからです。計測された標準偏差の年率換算法は実は簡単です。詳しい数学的な説明は省略しますが、月次データで計算された標準偏差であれば、年間12個のデータでできているので、「12の平方根（３・４６４）」をかけるだけです。週次のデータの場合は、１年間は52週間ですので、「52の平方根（７・２１１）」をかけます。

さて、これで重要なポイントをお話しする準備ができました。**例えば投資信託で「投資成績が良い」とは、具体的に何を意味するのでしょうか。**金融・投資の勉強をしていない人は「リターンが高い投信がよい」と答えます。そこで、トヨタとソフトバンクグループのリスクとリ

図表1-3　両社のリスクとリターン

期間：2019年1月～2023年1月	年率リターン（％）[a]	リスク（年率換算標準偏差）（％）[b]	シャープ比率
トヨタ自動車	9.0	20.6	0.437
ソフトバンクグループ	9.4	38.7	0.242

シャープ比率＝（a－c）/b
cは無リスク資産のリターン、ここではc＝0として計算
出所：Yahoo!ファイナンスのデータにもとづき筆者が計算

ターンを示した図表1－3を見てください。この期間については、ソフトバンクグループのほうがトヨタより年率リターンで0・4％高くなっています。

しかしながら、ソフトバンクグループの株価は変動性としてのリスクも高いことを既に見ました。合理的に考える限り、同じリスクならリターンが高いほうがよく、また、同じリターンならリスクの低いほうがよいと言えます。つまり、リスクとの対比でリターンが高いほうが投資成績が良いと言えるのです。

金融・投資の世界では、リターンをリスクで割った比率を**「シャープ比率」**と呼んで**投資成績を評価する基準**にしています。正確には分子のリターンは、計測された株式、あるいは投信のリターンから「無リスク資産」のリターンを引いた値（リスク・プレミアム）が使用されます。

無リスク資産とは、代表的には短期の国債のように投資の元本割れが起こらず、100パーセント確実に約束されたリ

ターンが得られるものです。日本では短期国債の利回りはほとんどゼロかそれに近い状況が、かれこれ20年以上も続いていますので、図表1－3では、それをゼロとして計算しています。両社のシャープ比率を見ると、トヨタのほうが高いですね。したがってこの期間については、トヨタ株に投資したほうが、ソフトバンクグループ株に投資するより、投資成績は良かったと言えます。

もちろん計測できるリスクは株価の過去の変動に基づくもので、将来のリスクは事前にはわかりません。また、株価などの相場の変動性は比較的安定している時期と激しい時期がありま す。それでも株価指数のようなリスク分散が効いた指標の変動性は、10年程度の長期で計測すると比較的安定していることがわかっています。そのため長期の過去データに基づいて計測したリスクが、今後も長期的には持続すると考え、それを資産形成の前提にすることは理にかなったことだと言えます。

リスク分散で低リスク・高リターンが実現できる条件とは

次に、長期で持続性のある投資に欠かせないリスク分散の効果を、もう少し掘り下げて考えてみましょう。図表1－4を見てください。今、投資の選択肢としてA社株とB社株があるとしましょう。ある期間のA社株のリターンは7％、B社株は同3％で、リターンはA社のほう

図表1-4　リスク分散によるリスクの低減の概念図

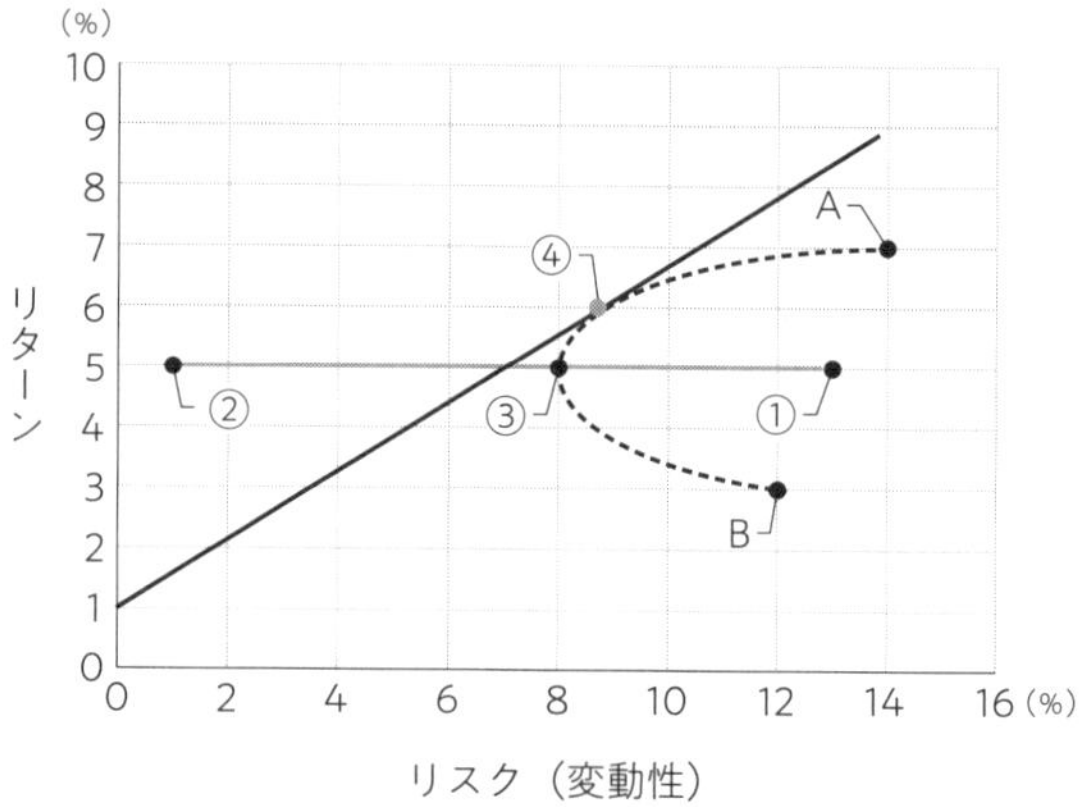

が高いとします。また、リスクはA社が14％、B社が12％とします。つまりA社のほうがB社よりハイリスク・ハイリターンという想定です。

もしA社とB社の株価が全く同じ方向（上がるか、下がるか）に動くとすると、双方の株式に50％ずつ投資したファンド（「合成ファンド」と呼ぶことにします）の価格の変動はどうなるでしょうか。

完全に同じ方向に動くのであれば、A社株が14％上がる時にはB社株は12％上がるわけですから、合成ファンドの時価の変動はその中間の13％の上昇になるでしょう。下がる時はその逆で、A社株が14％下がる時にはB社株は12％下がり、合成ファンドの時価は13％下がることになります。この場合、両社の株価の変化には正の相関があり、相関係数は最大値のプラス1・0になります。また、リターンは双方の平均値5％になります。この点を示したのが図表上①のポイントです。

反対に、双方の株価が完全に反対の方向に動く場合はどうなるでしょうか。合成ファンドの時価はA社株が14％上がれば、B社株は12％下がるのですから、合成ファンドの時価の変化は相殺されて、１％増加するだけです。

合成ファンドの価格の変化：100→101＝50×（1＋0.14）＋50×（1－0.12）

逆にA社株が14％下がり、B社株が12％上がる時は、合成ファンドは１％下がるだけです。この場合の両社の株価の変動は負の相関で、相関係数はマイナス１・０になります。またリターンはやはり双方の平均値の５％ですから、合成ファンドのリスクとリターンは図表上の②点になります。

A社とB社の株価がいつも完全に同じ方向に動くケースも、完全に反対方向に動くケースも、これは極端な想定であり、実際にはほとんどあり得ません。どの程度同じに、あるいは逆に動くか、程度の違いがあるわけです。その違いに応じて合成ファンドのリスクとリターンの位置は①と②を結んだ直線上のどこかになるはずです。その位置を今、仮に③としましょう。

A社株とB社株の変動において負の相関が強いほど、合成ファンドの位置である③はリスクの低い②に近づきます。反対に正の相関が強くなるほど、合成ファンド③の位置は①に近づきます。逆に言うと、③が①に近い場合は、A社株とB社株の間にはリスク分散効果がほとんどないことを意味します。

さらに合成ファンドのA社株とB社株の比率を、双方50％の状態から次第にA社株の比率を上げ、B社株の比率を下げていくと、合成ファンドの位置③は破線を辿ってA社株１００％の位置Aに近づいていきます。逆にB社株の比率を上げ、A社株の比率を下げていくと、合成ファンドの③の位置は破線を辿ってB社株１００％の位置Bに近づくことになります。この左に凸の形をした破線は金融・投資論の用語では「**有効フロンティア**」と呼ばれています。

以上の説明で、多銘柄へのリスク分散においてリスクが低減する条件と効果がおわかりいただけたと思います。**投資ファンドに動きが異なる株式を組み込むことで、個々の株価固有の変動リスクは均《なら》されてリスクは低減する**ことになります。**そのリスク低減の度合いは株価変動の相関度によって決まる**わけです。図表１－４の左方向に凸型の有効フロンティアは、AとBの関係が負の相関の場合だけに生じるものではありません。正の相関の場合でも、相関度がそれほど高くない場合は、リスク分散効果でリスクの低減が起こります。

一国の全上場銘柄を含む株価指数（日本ではＴＯＰＩＸ）が、この点で最もリスク分散が効いていることになります。しかし上場銘柄を全部対象にしなくても、数十銘柄程度に分散することでリスク低減効果はほぼ限界近くまで発揮できることが知られています。

上記の例はA社株、B社株の場合でしたが、これを投資対象の異なる2つの投資ファンドに置き換えても同じことが言えます。例えばAファンドは日本の輸送用機器業界（輸出業界）に投資する投信、Bファンドは日本の石油業界（輸入業界）に投資する投信とした場合も、円相場に対する反応が2つの業界で異なるので、リスク分散効果が働くでしょう。

さらに投資の対象をその国の株価に限定せず、他国の株価指数、世界中の主要な株価指数にまで広げることもできます。その場合には実際にどうなるか。この点は本書の後半で実際の過去データを使ったシミュレーションを利用して説明します。

最小リスク・ポートフォリオと最適ポートフォリオ

図表1－4で、最もリスクが低いポイントは破線で描かれた有効フロンティアの左端の③であることは、すぐにわかります。右記の例ではたまたまAとBで50％ずつとしましたが、実際のリスク最小ポイントの比率が50％である必然性はありません。

先ほど、リスク対比のリターンを示す「シャープ比率」が投資の成績の評価基準だと言いました。では、シャープ比率が最も高くなるポイントはどこでしょうか。シャープ比率を計算する場合の分母は、リスク値（年率換算標準偏差）、分子は「年率リターン－《マイナス》無リスク資産のリターン」だと説明しました。仮に、短期国債に代表される無リスク資産のリターンが1％だと仮定すると、そのポイントは図表上のリスクゼロ、リターン1%の位置です。そこから有効フロンティアの左肩に接線を描きます。**この接線と有効フロンティアの接点（図表上④）が、シャープ比率が最も高い位置**になります。ですから、その場合のAとBの組み合わせ比率を「**最適ポートフォリオ比率**」と呼ぶことができます。

もっとも、無リスク資産のリターンの位置から凸型の有効フロンティアに引いた直線の接点ができず、A点が最もシャープ比率の高い投資になる場合もあります。

さて、以上は平面図にわかりやすく描けるので、AとBという2つだけの組み合わせで説明しましたが、組み合わせる対象を3つ以上に増やして、リスク最小ポートフォリオと最適ポートフォリオを計算することができます。これは「FIWAつみたてインディくん」の有償版の機能を使えば誰でも簡単にできます。

もちろん、計算できるのは過去データに基づいたリスクとリターンです。リターンは10年程度の長期でも時期によってかなり異なりますが、主要な株価指数、例えば米国の株価指数と日本の株価指数などのリスクや相関関係は、リターンに比べると比較的安定していることがわかっています。この点は、後章で取り上げます。

図表1-5　複利と単利運用の違い

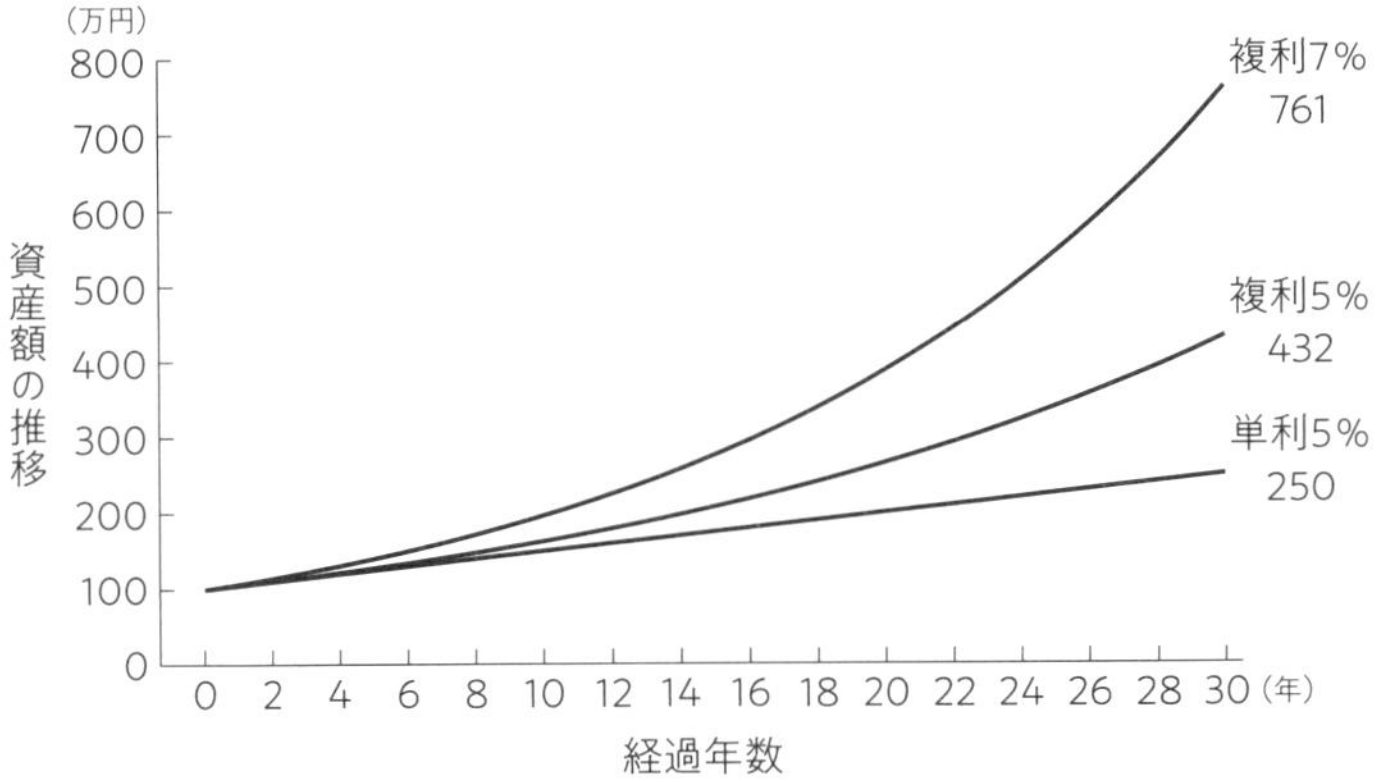

出所：筆者による計算

長期投資に欠かせない複利効果

長期の資産形成に欠かせないのが、複利効果を生かすことです。これは毎年受け取る利息や配当を現金で受け取らずに同じ資産に再投資することで、利息・配当自体が再投資によって増え続けます。ほとんどの投資信託の場合は、配当を現金で受け取るか、再投資するか、選択できるようになっています。

反対に利息や配当を現金で受け取り普通預金口座などに貯めておくだけでは、利息・配当から生じる利回りはほとんどゼロのままです。この場合は単利運用となります。複利と単利の相違を示したのが図表１－５です。年５％のリターンの場合、単利運用では投資した１００万円は毎年５万円増えるだけで、30年後には２５０万円になりますが、複利で運用すると30年後には４３２万円、その差は期間が長くなるほど大きくなります。7％複利であれば、761万円にもなります。

この図表のケースは、期初に一括して100万円を投じた場合ですので、後に具体的な事例で示す毎月積立型の場合とは異なります。毎月積立型の場合は、例えばリターンが7％ならば、毎月投資した額が、それぞれ10年で約2倍になると考えてください。

こうした複利の効果があるにもかかわらず、日本では2000年代に、毎月の配当を現金で受け取る「毎月分配型投資信託」が大変なブームになった時期があります。既にあなたが引退世代で資産を取り崩しながら生活費に充てているのであれば、配当を現金で受け取って消費に使うのもよいでしょう。しかし資産形成途上の現役世代であれば、再投資で複利効果を実現するのが、最も合理的です。

しかもかつて日本で流行《はや》った「毎月分配型投信」では、投資した資産からの利息や配当を分配するのであればまだしも、高配当をアピールしておきながら、投資元本を取り崩して配当にまわすものまで出回りました。これは「タコが自分の足を食う」のたとえから「たこ足配当」と批判されました。投資家自身が払った元本を、手数料を払いながら、しかも配当で受け取ることで源泉税（約20％）も徴収されながら受け取ることは、税引き後のリターンを引き下げるだけで、全く非合理的な選択です。つみたてNISAやDCなどで**長期の積立投資をする場合は、受取配当などは迷わず「再投資」を選ぶとよい**でしょう。

外貨建て金融資産の為替相場変動リスクについて

米国を含む海外の株価指数に連動する投資信託を選ぶ際の為替相場の変動リスクについて、基礎的なことを説明します。日本で購入できる海外の株価指数に連動する投資信託は、基準価額が円で表示されていても、対象となる資産は外貨建てですから、外貨建ての株価の変動に加えて、外貨に対する円相場の変動が重なります。

例えば、２００８年のリーマンショックの時には米国のドル建ての株価が下落しましたが、同時に為替相場は大きく円高・ドル安に振れました。したがって、日本人が米国株価指数連動の投信（為替リスクヘッジなし）を保有していれば、株価の下落とドル相場の下落（円相場の上昇）で二重に評価損が増えました。

一方、２０２２年の相場では、年初から米国株価は目立って下落しましたが、同時に円安・ドル高に大きく動いたので、米国株価指数連動の投信を買っている日本人にとっては、株安とドル高がある程度相殺し合って、円ベースの下落は小さかったはずです。

米国株を中心に外貨建て資産に投資する投資信託は、「為替リスクヘッジなし」と「為替リスクヘッジあり」とが選択できる場合が多いです。どちらがよいかは、上記の2ケースのように真逆の場合があるので一概に言えません。

しかし、長期的には「為替リスクヘッジなし」の投信のほうが、基準価額の変動性は「為替リスクヘッジあり」に比べて高くなる傾向があります。ただし同時に「為替リスクヘッジあり」の投信は、為替リスクヘッジ操作のためのコストが運用上生じるので、その分だけリターンは低くなります。

「為替リスクヘッジ操作のコスト」はなぜ発生するのか、手短に説明しましょう。資金の運用機関はドル相場下落時の損失を回避するために、為替の「先物取引」でドル売りをします。先物というのは、資金決済が1カ月後とか3カ月後のように将来の日付になっている取引です。反対に、成約するとすぐに資金決済をする取引は「直物《じきもの》取引」と呼ばれます。メディアやインターネットの市況で皆さんが普段目にしているのは、直物取引の相場です。

ところが円より金利の高いドル相場の先物は、日米の金利格差を反映して直物相場よりもドル安になっています。為替相場のリスク回避（ヘッジ）のためには、直物よりドル安の先物相場でドル売りを行わざるを得ないために、ヘッジコストが生じるのです。

先物相場のドル安の程度は、現在（2023年3月13日時点）では年率で5％を超えています。為替相場が比較的安定していても、この年率5％余の分だけ、「為替リスクヘッジあり」の投信は「ヘッジなし」の投信に比べてリターンが下がります。

為替相場の変動リスクが加わり、長期的にはリスクは高いけれどリターンも高めになる傾向がある「為替リスクヘッジなし」がよいか、あるいは為替相場の変動リスクは回避されているがリターンも低くなる傾向がある「為替リスクヘッジあり」がよいか、この点については事前の正解はありません。ただし、あなたが10年、20年という長期のリスクをとれるのであれば、為替リスクヘッジなしで高めのリターンを期待するのがよいかもしれません。

3 投資のプロに任せても報われない？ 投資運用業界の不都合な真実

投資信託（正確には公募投資信託）は、一般には証券会社や銀行の窓口（含むオンラインサイト）から売られますが、その背後では、内外の専門の資金運用会社によって運用されています。こうした資金運用会社で運用に従事するファンド・マネージャーらは、いわゆる「投資のプロ」です。アクティブ・ファンド（投信）に分類される投資信託では、こうしたファンド・マネージャーやその判断を支援するアナリストの分析などによって資金が運用されています。

そのため運用手数料（「信託報酬」とも呼ばれます）は年率1～2％程度が普通です。つまり1000万円の投資信託を保有している場合、信託報酬が2％ならば、毎年20万円を手数料として投資家は運用機関に払っているということです。

また、投信購入時には「購入手数料」が投資元本に対する比率（パーセント）でかかります。これは同じ投資信託でも販売窓口によって異なりますので、注意してください。一般にオンラ

図表1-6　日本株インデックス・ファンドとアクティブ・ファンドの運用手数料とリターン（年率）（過去10年、2023年2月10日現在）

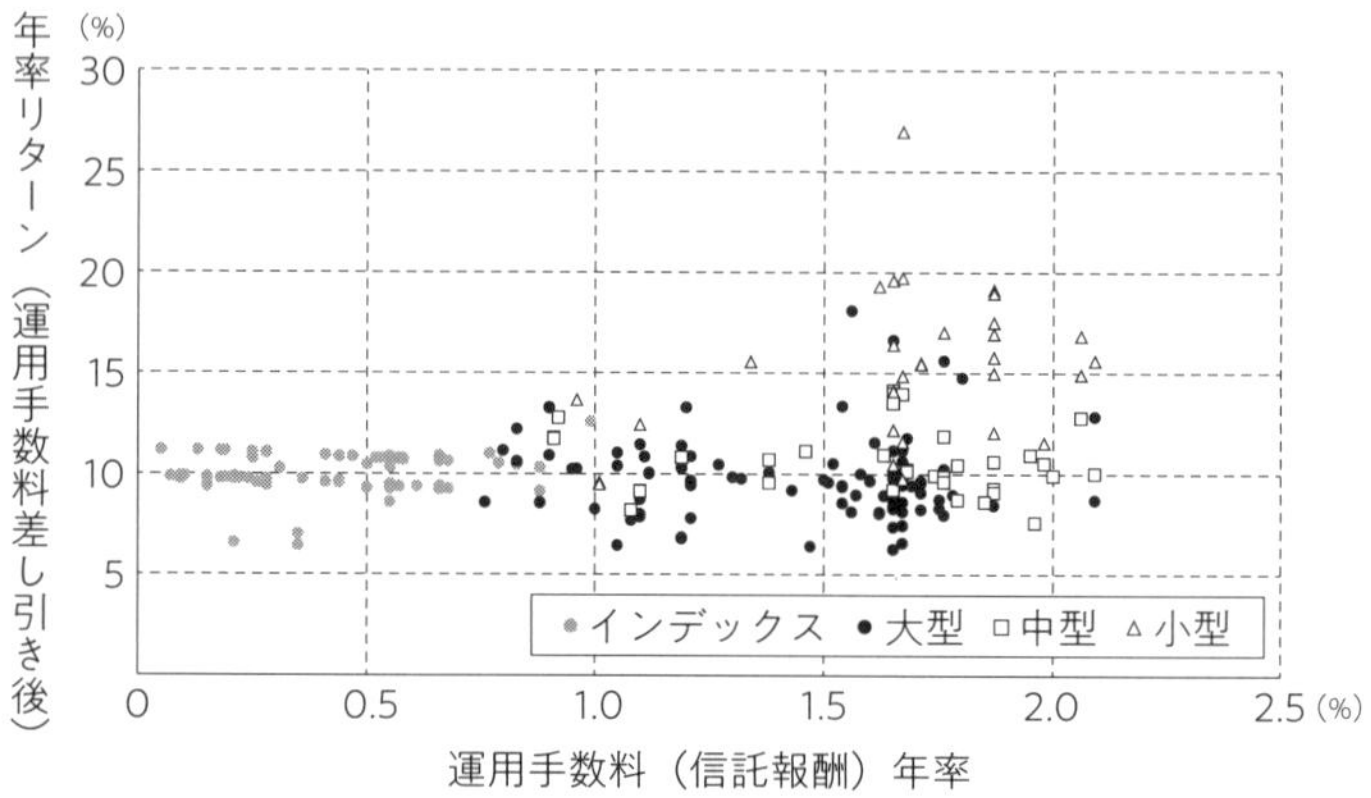

対象投信：過去10年以上の運用履歴、純資産額30億円以上
出所：Wealth Advisor（旧Morningstar）

イン証券ならば、購入手数料は僅少か、あるいはゼロの場合も少なくありません。一方、証券会社に電話して営業担当を通して購入する場合の購入手数料は高くなります。

アクティブ・ファンドに対して、株価指数に連動する運用成績を目指すインデックス・ファンド（投信）と呼ばれる（「パッシブ・ファンド（投信）」とも呼ばれます）投資信託は、対象となる株価指数を構成する内訳通りの多銘柄に投資すればよいので、銘柄選択の手間暇はかからず、運用手数料は一般に0・3％以下です。投資信託を買う利用者としては、運用手数料が高い分、高い成績を期待するわけですが、アクティブ・ファンドは利用者（投資家）の負担するコストに見合った運用成績を上げているのでしょうか。

図表1-7　過去10年間の平均年率リターンとリスク・カテゴリー別平均

		過去10年間の平均年率リターン	リスク・カテゴリー別平均
アクティブ・ファンド	大型株	9.8％	3.5
	中型株	10.0％	3.3
	小型株	15.3％	4.1
インデックス・ファンド	日経平均	10.9％	4.0
	TOPIX	9.7％	3.0

出所：Wealth Advisor（旧Morningstar）

図表１－６は、日本株に投資する投資信託で過去10年以上の運用履歴があり、純資産30億円以上あるアクティブ・ファンド（１７１銘柄）とインデックス・ファンド（87銘柄）の過去10年間の年率リターン（運用手数料差し引き後）と運用手数料（年率％）の散布図です。

また図表１－７は、投信のカテゴリーごとに分類した各平均リターン、ならびに5段階のリスク度を示しています。リスク度は米国の投資情報会社モーニングスター（Morningstar：現ウエルスアドバイザー）社の評価によるものですが、基本的には毎日公表される投信の価格（基準価額）の変動性が高いものは数字が大きく（最高リスク5）、変動性が低いものは数字が小さくなります。また投資対象となっている企業の株式時価総額の規模で、大型、中型、小型と分類されています。

これら２つの図表から何がわかるでしょうか。

まず**大型株と中型株に投資するアクティブ・ファンドの**

平均リターンは、日経平均株価指数に連動するインデックス・ファンドよりやや低く、TOPIX連動の投信とは同じか若干高い程度に過ぎないということです。

しかし、小型株になると平均リターンが15・3%とインデックス投信より明らかに高くなります。ただしリスク・カテゴリーも平均4・1と大型・中型に比べて高くなります。本章で既に述べた通り、投資の成績は単純にリターンが高ければよいというものではありません。同じリスクならより高いリターンが出る投信が評価されます。あるいは同じリターンなら、よりリスクが低いものが評価されます。つまり、リスク対比のリターンが肝心だということです。そういう意味では、小型株はリスク（リターンの変動性）が高い分だけ、リターンも高くなっている面があります。

米国のアクティブ・ファンドとインデックス・ファンドの投資成績の比較

リスク対比でも、小型株のリターンが高くなる傾向が中長期的に生まれることもあります。過去20年程度の日本株式市場では「小型株優位」の傾向が見られるようです。また図表1－7のように投信の平均リターンと日経平均やTOPIXなどの株価指数に連動するインデックス・ファンドの平均を単純に比較するというのは、かなり粗い見方です。

米国では投資信託（「ミューチュアル・ファンド（Mutual Fund）」と呼ばれます）の属性に

合わせた各種の株価指数が開発、開示されており、カテゴリーごとの株価指数と、それに分類される投信の投資成績の比較評価が長年行われています。以下では、米国のモーニングスター社のレポートを紹介しましょう。

アクティブ・ファンドは、一般に投資対象の属性に基づいて、大型株、中型株、小型株と分類され、それぞれがさらに割安株、成長株、混合型と分けられ、全部で９つに分類されています。公平な比較のためには、こうしたカテゴリーの違いを考慮する必要があります。「割安株」とは、１株当たりの利益と株価を比べるなどして株価が割安と判断された株式です。「成長株」とは、将来の高い成長が期待されている株式で、その代わり１株当たりの利益に対して株価は高く、割高な銘柄が多くなります。混合型は両者の中間です。

モーニングスター社は、９つのカテゴリーごとに、対応するインデックス・ファンド（同社のレポートでは「パッシブ・ファンド」という表記が使われています）の平均リターンを上回ったアクティブ・ファンドが、過去一定期間に何割存在するかを「アクティブ・ファンドの成功率」として計測・開示しています。図表１－８は２０２１年６月の同レポートに基づいたものです。リターンはもちろん、運用手数料（コスト）差し引き後、かつ配当込みの年率です。

この図表は、無作為にアクティブ・ファンドを選んだ場合、カテゴリーごとに対応するインデックス・ファンドの平均リターンをアクティブ・ファンドが上回る確率を示しています。投

	過去10年間平均リターン（▲はマイナス）				
過去20年	最低率クラス*	最高率クラス*	インデックス・ファンド平均[a]	アクティブ・ファンド平均[b]	a－b
10.3	23.4	4.0	14.2	12.9	1.3
16.3	27.9	5.8	11.6	10.9	0.7
8.6	24.7	5.8	17.4	15.9	1.5
8.0	22.7	4.5	12.1	11.2	0.9
—	13.6	4.5	11.7	10.6	1.1
9.8	57.9	35.9	13.1	14.4	▲1.3
12.5	13.9	11.1	12.1	11.0	1.1
17.7	13.6	17.4	11.2	9.8	1.4
15.5	42.9	46.5	12.9	14.3	▲1.4

＊運用手数料率の高低による5分位にもとづく

資家にとって、例えば今後10年間にどのアクティブ・ファンドがより高いリターンを出すかを事前に知る方法はないので、選択は事実上ランダム（無作為）に近いはずです。

図表を見てわかる通り、例えば、最上段の米国大型株（混合）のカテゴリーのうち直近1年では、アクティブ・ファンド全体の44・8％がインデックス・ファンドの平均リターンを上回っています。ところがその比率は、3年、5年では20％台に減少し、10年ではわずか11％に減ってしまいます。他のカテゴリーでもほぼ同様の傾向がはっきり見られます。

なぜ長期になるほど、インデックス・ファンドの平均リターンを上回るアクテ

図表1-8　アクティブ・ファンド成功率

（インデックス・ファンドの平均リターンを上回ったアクティブ・ファンドの比率％）

カテゴリー			過去1年	過去3年	過去5年	過去10年	過去15年
米国株式	大型	混合	44.8	27.4	26.4	11.0	9.9
		割安	48.8	29.3	31.3	18.8	19.2
		成長	25.6	42.8	32.1	11.9	5.1
	中型	混合	46.1	32.4	26.5	14.3	6.7
		割安	43.1	48.8	39.0	9.7	27.1
		成長	17.3	58.9	51.1	42.9	26.0
	小型	混合	37.6	34.0	22.7	13.3	9.2
		割安	27.6	26.5	21.4	12.1	20.2
		成長	40.3	68.8	56.0	42.9	29.7

出所：Morningstar's Active/Passive Barometer October 2021

イブ・ファンドが減るのでしょうか。これはアクティブ・ファンドのリターンが次第に低下するからではありません。図表1－9のように考えれば納得いただけるでしょう。アクティブ・ファンドは短い期間（例えば1年）では運用判断がそれぞれ異なるので、投資リターンのバラツキは非常に大きいのです。そのためインデックス・ファンドの平均リターンに対する超過幅、あるいは劣後の幅を横軸にその分布を描くと、図表1－9の薄い灰色のような左右に広がった正規分布（ないしはそれに近い分布）になります。

ところがアクティブ・ファンドのリターンのバラツキも、長期では収束して格差が小さくなる傾向が出てきます。これ

図表1-9　アクティブ・ファンドのインデックス・ファンドに対するリターン格差の分布概念図

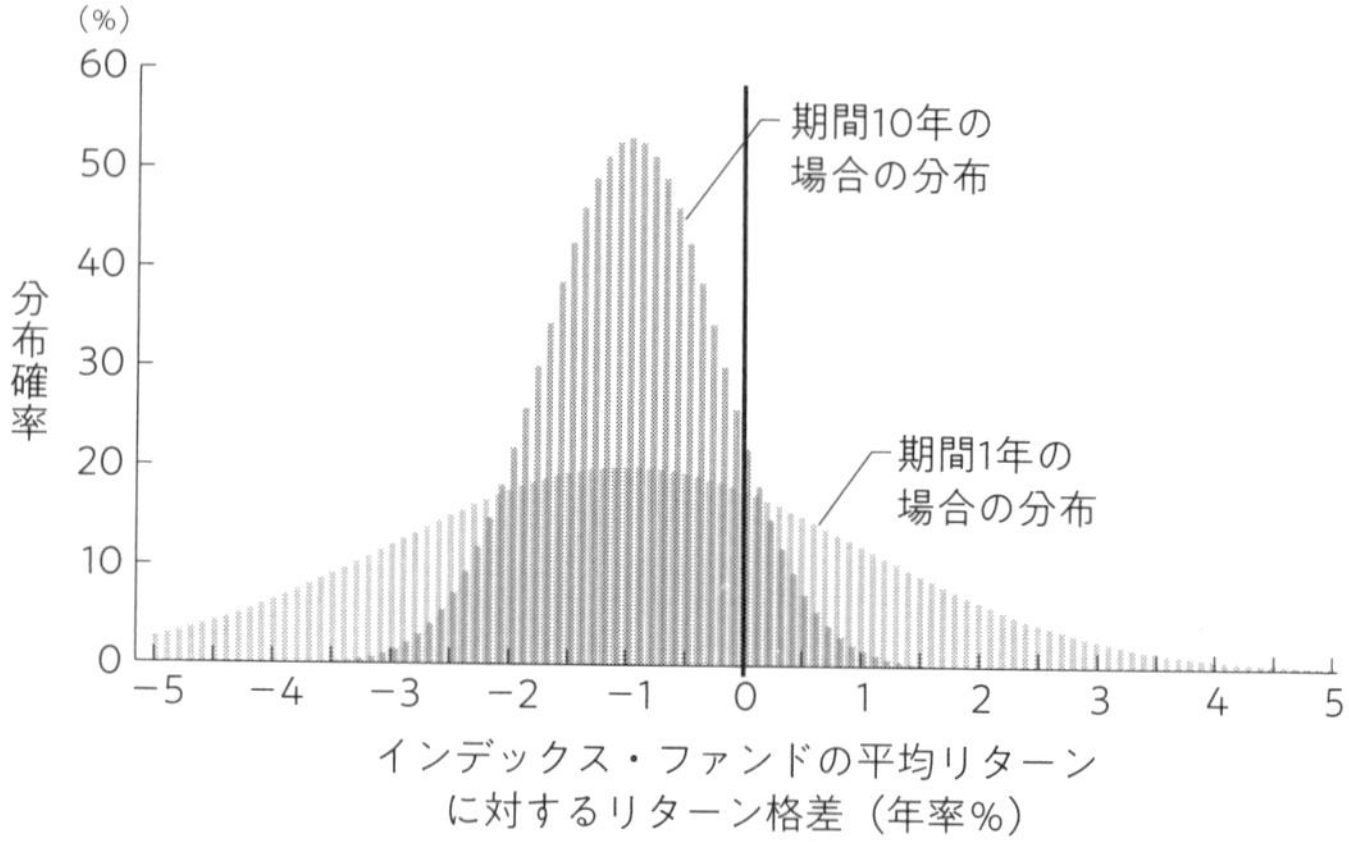

出所：筆者の想定にもとづき作成

は「リターンの平均回帰」と呼ばれます。つまり、ある年に高いリターンを出したファンドも、その相対的に高いリターンを維持できず、リターンが劣後する年もあり、長期では市場の平均値に収束する傾向があるのです。そうなると、長期では図表1－9の濃い灰色のようなバラツキの小さい分布になります。しかもアクティブ・ファンドの長期の平均リターン（運用手数料差し引き後）がインデックス・ファンドより低いと、どうなるでしょうか。

図表1－9は平均1％だけアクティブ・ファンドの平均リターンがパッシブ（インデックス）・ファンドに劣後する想定で描いてあります。つまり運用手数料の分だけ平均的なリターンが低くなると考えてください。図の

ゼロ％の位置の黒い線で示した水準より右方が、インデックス・ファンドの平均リターンより高くなるアクティブ・ファンドの分布です。

黒い線の右側の面積が全体に占める比率は、薄い灰色（期間1年）より濃い灰色（期間10年）のほうが小さくなるのがわかるでしょう。この面積の減少はインデックス・ファンドを上回るアクティブ・ファンドの全体に占める比率が減少することを意味しています。

このレポートは、既述の全9カテゴリーについてアクティブ・ファンドとインデックス・ファンドの過去10年間の平均リターン格差（運用資産規模で加重平均したリターン）も示しています（図表1－8のa－b）。これによると9カテゴリーのうち7つで、0・7％から1・5％の幅でインデックス・ファンドが優位です。

さらにモーニングスター社はアクティブ・ファンドの運用手数料率（信託報酬率）を5分位に分け、コストの最も低い20％のファンド（図表1－8の「最低率クラス」）と、最も高い20％のファンド（同「最高率クラス」）について、過去10年間のアクティブ・ファンドの成功率を示しています。これを見ると、9カテゴリーのうち7つで低コスト・ファンドが高コスト・ファンドに対して優位であることがわかります。

要するに運用手数料の高いアクティブ・ファンドを選んでも、**手数料差し引き後のリターンでは投資家は報われないことが多い**のです。

それでは、過去10年運用成績の良かった「優秀な投資信託」を選べば、次の10年も高いリターンが期待できるのでしょうか。

例えば、アクティブ・ファンドもインデックス・ファンドも含めて、過去10年運用成績の良かった上位いくつかのファンドは皆アクティブ・ファンドです。しかしこれは、インデックス・ファンドがほぼ同じリターンに収束する一方、アクティブ・ファンドは成績の良いものから悪いものまで結果の分布が広くなっている結果にすぎません。

この点でも米国では多くの調査検証がなされていますが、残念ながら過去10年投資成績の良かった投信が次の10年も良いという結果は出ていません。過去10年良くても、次の10年には投資成績の順位はほとんどランダムに入れ替わってしまうのです。

第2章 新しいNISA制度とイデコの改革
——投資のコンサルテーションの現場から

序章で昭和からの時代の変化を背景に、多くの皆さんが共有している「不安」について触れました。筆者（岩城）は、2009年から金融商品の販売には関わらず、コンサルティング・フィーだけをいただきながら、お金に関する相談を受け続けています。相談の内容は人それぞれですが、皆さんの心には、「長寿化」「人生の多様化」「インフレ」など見えにくくなった将来に対する不安があります。

家計の資産形成に関する本書の基本的なメッセージは、第1章で述べた通り、自分で「投資の良いタイミングを判断できる」「良い銘柄を選べる」などという**根拠のない自惚れは捨てて、毎月の定額積立てをセットすること**です。そして短期的な相場の上下動を神経質に気にするなどという**無駄なことはやめて**、趣味なり、本業なり、**自分がしたいことに専念するのが一番効率的**だということです。本章ではそのために、ライフプラン（人生設計）の観点からまず次の

2点を考えてみたいと思います。

①毎月定額積立てをセットすることの意味
②ライフプラン×キャリアプランで考えるマネープラン

1 毎月定額積立てをセットすることの意味

リスク資産にシフトする人は増えている

２０２２年12月に、２人以上世帯の家計の金融資産に占める有価証券（株式・投資信託・債券）の保有額の割合が約32％に増えているという調査結果が公表されました（「家計の金融行動に関する世論調査（２０２２年）」金融広報中央委員会）。

図表２－１を見てください。有価証券（株式・投資信託・債券）の保有割合は、２０１３年から２０１７年は17％前後、つみたてＮＩＳＡがスタートした２０１８年は19％ですが、２０２１年は32％と上がっています。これは、株価が上昇した面もありますが、預貯金の割合が減っているところを見ると、株式や投資信託などリスク資産にシフトした人が増えたことがうかがえます。

一方、同じ調査で「老後の生活が心配である」「非常に心配である」と回答している人が約８

図表2-1　2人以上世帯が保有する金融資産の内訳

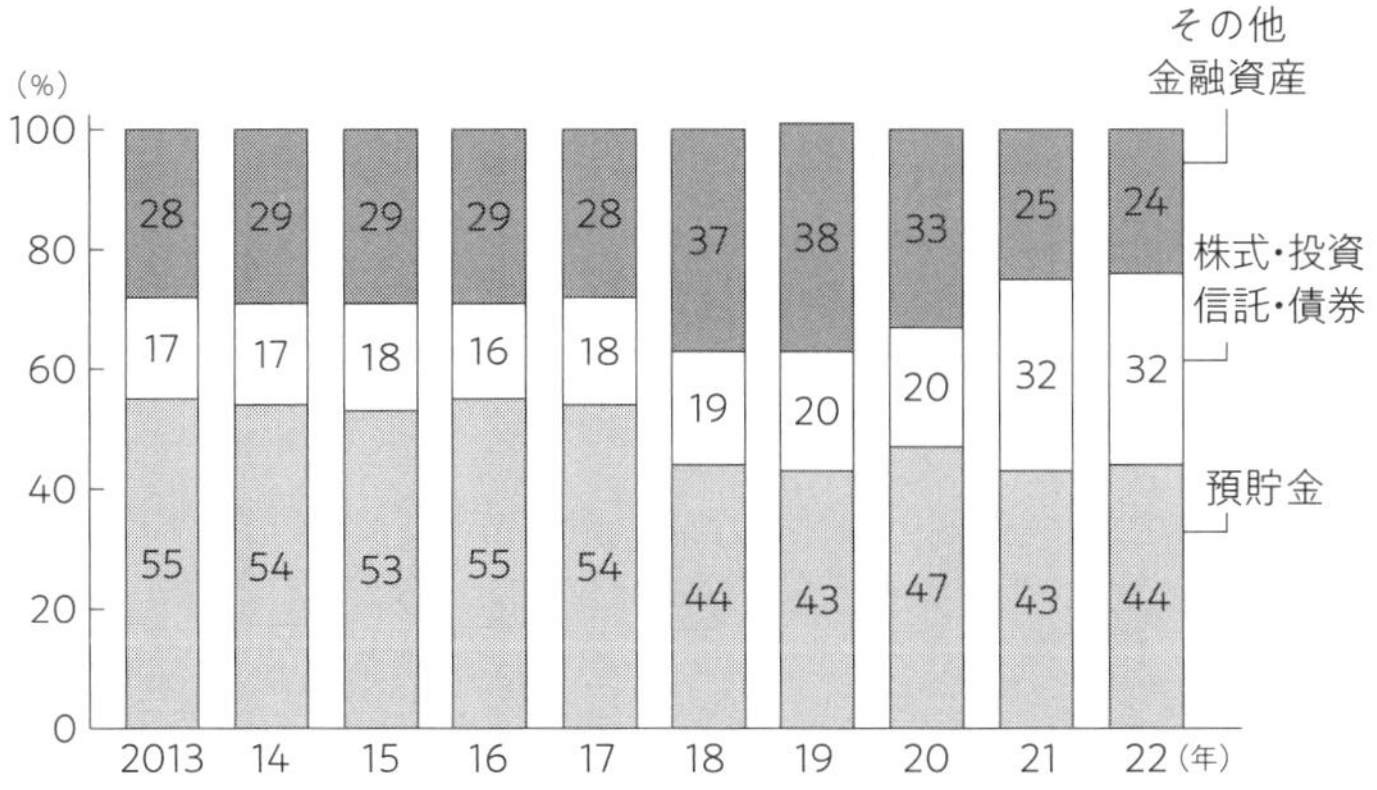

出所：「家計の金融行動に関する世論調査（2022年）」（金融広報中央委員会）を参考に筆者作成

割にも上ります。その理由は「十分に金融資産がないから」が約7割です。多くの家計で依然、預貯金の割合が高く、物価上昇による負担増を感じながらも特に行動を起こせず、将来への不安を抱え続けたままであることがわかります。

資産がいくらあれば老後不安がなくなり、心安らかに過ごせるのか。こうした不安に正しく向き合うためにはどうしたらよいでしょうか。まず、**引退後いくらの所得が必要か**、それを年金の給付額も加えて計算したうえで、**足りない分は現役時代に資産形成するしかありません**。もちろんお金の問題を解消することで人生の心配事がなくなるというものではありませんが、少なくともお金に関しては、積極的に行動を起こしたほうがよいと思います。**将来の自分を支えるのは自分自身**だからです。

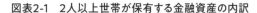

人生のお金問題を解決する〝魔法〟はない

多くの人にとっての人生のお金の流れは、現役時代に働いて得た収入の一部を将来の自分のために貯めていき、引退後は公的年金だけでは不足する分を積み上げた金融資産から少しずつ取り崩して生活するというものです。ある日突然大金が手に入るなどという魔法はありません。だからこそ自分が必要と思う金額を目指して、毎月の収入の中から一定額の貯蓄をしていく必要があります。

しかし今やメガバンクの定期預金の利率は年0・002%、お金を倍にするためには3万6000年かかるという時代です。金利ゼロの銀行にお金を安全に保管しておくだけでなく、増やすことも必要です。投資は絶対しなければならないわけではありませんが、お金は適切な資産に投資すれば、お金自体が経済活動に参加し、そこから得られる所得の分だけ長期的に増えていく性質があります。これが資産形成の基本です。

そうした家計の資産形成を支援するためにつくられた非課税の制度を最大限活用することも肝心です。具体的には、NISA（少額投資非課税制度）や確定拠出年金（DC）、さらにDCの中でも個人型確定拠出年金（イデコ）を利用して、毎月、自分の決めた金額で、決まった日に、決めた金融商品を自動的に買い付ける仕組みをつくることで資産をつくっていくことができます。

「運良く余ったら貯蓄する」ではなく、必要額を先に貯蓄することで、自分の将来は自分で守るという積極的な意味が生まれます。これこそが**毎月定額積立てをセットすることの意義**でもあるのです。こうした家計の資産形成を支援する制度が、２０２４年に期待以上の素晴らしさで生まれ変わります。どのような制度になるのかは後ほど詳しく解説します。

忙しい人ほど積立投資が有利な理由

毎月の定額積立てをセットしたら、短期的な相場の上下動に神経質になる必要がないということについて少し補足します。１月につみたてＮＩＳＡが始まった２０１８年の暮れに米国株が大きく下落したことで、驚いてつみたてＮＩＳＡをやめてしまった人が多くいました。積立投資の効果を理解できていなかったために起こったことでしょう。

例えば合計４万円の投資金額で、投資信託を購入する場合を考えてみましょう。投資信託の価格は１カ月目には１万円、２カ月目は倍になって２万円、３カ月目は大きく下落し４分の１になって５０００円、４カ月目は１万円に戻ったとします。

１口＝１円の額面で最初に一括で４万円分を購入した場合は、１カ月目の価格１万円なので４万口購入できました。一方、毎月１万円ずつ４回に分けて投資していく場合は、１カ月目は１万口、２カ月目は５０００口、３カ月目は２万口、４カ月目は１万口、合計４万５０００口購入できました。

価格が高い時には少なく購入し、価格が低い時には多く購入することになるため、平均の購入単価は、毎月1万円ずつ積立投資をした場合のほうが、一括購入の場合より安くなります。最終的な評価額は「基準価額（1口当たりの値段）×購入した口数」で計算できますので、1円×4万5000口＝4万5000円と、一括購入した場合を上回ります。

もちろん価格が右肩上がりで上昇していくような場合は、最初に一括投資したほうが有利ですが、一般的に、株式市場全体では株価の推移は短期、中期の上下動を繰り返しながら、10〜20年の長期では上がっていくものであり、そうした市場価格の特性を考えると積立投資は有効な方法です。

つまり、下がった時にも「口数がたくさん買える」と思えば、驚いて売却ということにはなりません。投資のタイミングを考えずに投資ができる積立投資という方法は、仕事やプライベートで忙しい私たちにはぴったりです。**途中でやめないで可能な限り長く積立投資を続けることが、金融資産を増やすためには重要なポイント**です。

2 ライフプラン×キャリアプランで考えるマネープラン

「長く働ける」時代

次に、「ライフプラン×キャリアプラン」と「マネープラン」の関係について考えます。序章の冒頭で「充実した人生を送るために望ましい基本的な条件は何でしょうか」と問いかけをしましたが、読者の皆さんはいかがでしょうか。

人生の充実や幸せを考えると、「夢や目標を実現するためにどう取り組んでいくか。仕事、健康、家族・友人との関係、趣味や社会との関わり方など、バランスよく、主体的に考え、決めていくことが必要」だと思います。人生という時間軸の中で、住居を買ったり、子供の教育費を支払ったり、最近はリスキリングに費やすお金や時間を必要とする人も増えています。現在の生活だけでなく、20年後、30年後、もっと先の老後まで時間軸を長く持って人生設計を考えるのが「ライフプラン×キャリアプラン」です。「マネープラン」は「ライフプラン×キャリアプラン」を実現する費用を準備していくためのお金の計画です。

昭和の時代と大きく異なってきたのは、女性や高齢者も含め「長く働く」ことが推奨され、また多くの人が実際に「長く働きたい」と思っていることです。内閣府が２０２０年１月、60

歳以上の3000人を対象に行った調査によると、「何歳ごろまで収入を伴う仕事をしたいですか」という問いに対し、収入のある仕事をしている人では「働けるうちはいつまでも」が最多で36・7%を占めました。以下「70歳くらい」が23・4%、「75歳くらい」が19・3%、「65歳くらい」が11・6%、「80歳くらい」が7・6%という順です。

「就労」と「公的年金」は密接に関係している

そして改めて認識したいのは、「就労」と「公的年金」は密接に関係していることです。老齢年金は働き方や賃金によって受給額が変わる、長い就労の蓄積が反映されたものです。なかなか正しい理解の進まない「公的年金保険制度」については後述しますが、この制度は年金だけで老後の生活を支えられるものとして設計されてはおらず、現役時代からの自助努力をもって年金を補完することが求められています。具体的には、より長く働きながら、税制優遇の大きい企業型ＤＣ、イデコ、ＮＩＳＡなどを最大限に活用することが肝心です。

筆者がこれまで多くの方のマネープランやリタイアメントプランの相談に乗ってきて痛感しているのは、「働き方のプランが大切である」ということと、「老後の経済的安定のためには公的年金と自助努力でつくる私的年金をいかにうまく組み合わせるかがカギになる」ということです。

仮に想定寿命を95歳として、会社員として60歳まででなく70歳まで働くのであれば、老後期間は35年から25年に短縮されます。厚生年金には70歳まで加入しますので、他の条件を同一としても年金額は増えます。長く働くことができれば、終身で受け取れる年金を増やすことができ、自助努力でつくってきた金融資産と合わせて、老後の生活をより豊かにすることが可能です。結婚している方は、配偶者も働くことで現役時代の生活にもゆとりができ、年金額も増やすことができるでしょう。

より長く働くためには、キャリアプランのみならずセカンドキャリアプランも計画的に準備していくことが必要になってきます。セカンドキャリアは、フルタイムで働かなくても体調や状況に合わせてパートやアルバイトで収入を得ることで、資産の取り崩し額を抑えることができます。

引退後はＤＣ（企業型、個人型）やＮＩＳＡなどの計画的な取り崩しプランも必要です。運用しながら一定額を取り崩していくことで、資産を長持ちさせることができます。後の章では、お金の置き場所を意識した具体的なマネープランの考え方や取り崩しの順番なども含めてご提案していきます。ご自身のマネープランを考えるのにはもちろん、投資助言業務に従事する方にも参考にしていただけると思います。

恒久化され限度額も拡大する新NISA

NISAとは、株式や投資信託の運用益が一定条件下で非課税になる制度です。現在は一般NISA、ジュニアNISA、つみたてNISAの3タイプがあり、それぞれ非課税で保有できる期間や年間の投資枠が決まっています。

2024年からは、税制改正を伴う抜本的な拡充が行われ、格段に使い勝手がよくなります。最大のポイントは、時限措置だった制度が恒久化され、非課税保有期間が無期限とされることです。これにより若い世代からシニア層まで、**誰もが合理的な資産形成のための「お金の置き場所」としてNISAを活用できるようになります。**新しいNISAを最大限活用すること**が、効率的な資産形成につながり、未来の安心をつくることになるでしょう。**

図表2−2では、現行制度のポイントを示し、2024年からどう変わるのか、新しい制度のポイントをまとめています。

新しいNISAのポイント

新しいNISAは「つみたて投資枠」「成長投資枠」の2つの枠からなります。

つみたて投資枠は、現行のつみたてNISAを引き継ぎ、「長期・積立・分散」投資に向いた低コスト投信を積立投資していく枠です。**年間投資枠は120万円と、現行の3倍に増えま**

図表2-2　NISAの「現行制度」⇒「新しい制度」

●現行制度（～2023年）

	つみたてNISA　選択制	一般NISA
口座開設期間	2023年のみ（2024年からは買い付け不可）	
非課税保有期間	20年間	5年間
年間投資枠	40万円	120万円
非課税保有限度額	800万円	600万円
投資対象商品	長期の積立・分散投資に適した一定の投資信託（金融庁の基準を満たした投資信託に限定）	上場株式・投資信託等
対象年齢	18歳以上	

●新しい制度（2024年～）

	つみたて投資枠　併用可	成長投資枠
口座開設期間	恒久化	
非課税保有期間	無期限	
年間投資枠	120万円	240万円
非課税保有限度額（総枠）	1,800万円　※簿価残高方式で管理（枠の再利用可能）	うち成長枠1,200万円
投資対象商品	長期の積立・分散投資に適した一定の投資信託（金融庁の基準を満たした投資信託に限定）	上場株式・投資信託等 ①整理・監理銘柄 ②信託期間20年未満、高レバレッジ型および毎月分配型の投資信託等を除外
対象年齢	18歳以上	

2023年末までに現行の一般NISAおよびつみたてNISA制度において投資した商品は、新しい制度の外枠で、現行制度における非課税措置を適用
※現行制度から新しい制度へのロールオーバーは不可
出所：金融庁ホームページを参考に筆者作成

す。

成長投資枠は現行の一般ＮＩＳＡを引き継ぎ、上場株式などにも広く投資することができます。**年間投資枠は２４０万円で現行の２倍に増えます。**現在のＮＩＳＡではつみたてと一般のどちらか一方しか選べませんが、**新しいＮＩＳＡでは「つみたて投資枠」と「成長投資枠」とを併用でき、年間投資枠は合わせて３６０万円になります。**

また年間投資枠とは別に、総枠として生涯にわたる「非課税保有限度額」が新たに設定されます。投資元本の総額で最大１８００万円が上限となり、うち成長投資枠で使えるのは１２００万円までになります。この非課税保有限度額（総枠）は、簿価ベースの買い付け残高で管理します。次章で様々な資産形成シミュレーションをお見せしますが、内外の株価指数に連動したインデックス・ファンドを利用すれば、20～30年の長期で投資元本が2倍、3倍以上になることも過去のデータが語る一般的な現実といえ、決して「夢物語」ではなくなります。

さらに、株式や投資信託を売却すると空きが生じ、それを新たな枠として再利用できる仕組みもあります。これにより、それぞれのライフプランに合わせ、余裕資金がある時に集中的に投資をしたり、必要な時に資金を取り崩したりすることが可能になります。

既にＮＩＳＡ口座を持っている人は、新しいＮＩＳＡを、現行のＮＩＳＡとは切り離して利用することができます。現行のＮＩＳＡで買い付けできるのは２０２３年末までですが、一般

ＮＩＳＡは5年間、つみたてＮＩＳＡは20年間、制度をそのまま利用しながら非課税で運用を続けることができます。

個人型確定拠出年金（イデコ）も変わる

イデコも、今後さらなる改革が進みます。イデコの加入には国民年金被保険者である必要があり、加入可能年齢は、第1号被保険者（自営業者等）は60歳未満、第2号被保険者（会社員・公務員等）は65歳未満、第3号被保険者（専業主婦〈夫〉）は60歳未満、任意加入被保険者（保険料納付済み期間等が４８０月未満）は任意加入が65歳未満です。

働き方改革によって高年齢者の就業確保措置に対する企業の努力義務が70歳まで伸びていること等を踏まえ、「イデコの加入可能年齢の70歳への引き上げ」について、２０２４年に実施される公的年金の財政検証に合わせて所定の法律上の措置を講じると見込まれています。

また、拠出限度額については、第1号被保険者は月額6万８０００円、第2号被保険者のうち他の企業年金制度がある場合は月額1万２０００〜2万円、企業年金制度がない場合は2万３０００円、第3号被保険者は月額2万３０００円ですが、２０２４年12月から第2号被保険者で他の企業年金制度がある場合でも2万円に統一される予定です。

また、イデコの受給開始年齢は２０２２年4月から75歳に引き上げられました。イデコの拠出限度額の引き上げ、受給開始年齢の上限の引き上げについても、2024年の公的年金の財政検証に併せて結論を得るとされています（第21回社会保障審議会企業年金・個人年金部会資料参照）。

3 NISA改革の背景と日本の投資助言業務の問題点

資産運用をめぐる潮流の変化とフィデューシャリー・デューティ

次は視点を変えて、大きな課題として登場してきた「資産所得倍増プラン」の顧客本位について考えます。前述の通り、筆者（岩城）は2009年にファイナンシャル・プランナー（FP）として独立しました。当時はリーマンショックの衝撃もあり、「投資」と聞いただけでさっと表情が曇り、「そんなものには絶対に手を出したくない」と耳を塞いでしまう人がたくさんいました。

約10年後の2019年には、世の中を騒がせたあの「老後資金2000万円問題」がありました。金融庁の報告書の中で、引退世代の家計は預貯金など金融資産を取り崩しており、その平均額はざっと2000万円になるという指摘があったのですが、これがなぜか「公的年金だけでは2000万円も足りない！」という形で国会での政権攻撃の材料になり、世間の関心を引いた一件です。しかし図らずも、これを契機に自助努力で老後資金をつくろうという機運が生まれたのは怪我の功名だったのかもしれません。

そして2022年11月28日、岸田文雄内閣官房に設置された新しい資本主義実現会議が「資産所得倍増プラン」を決定しました。それに合わせて「金融審議会 顧客本位タスクフォース」と「社会保障審議会 企業年金・個人年金部会」がスタートしました（第二の柱のイデコ改革の検討状況については前述した通りです）。

実はその数カ月ほど前から、筆者は金融庁と幾度も意見交換をしていました。その中で、「岸田首相はNISA拡充と顧客本位のアドバイザーを増やすこと、金融教育を強化することはセットにして行うべきだと考えている」ということを小耳に挟んでいました。

政府がようやくフィデューシャリー・デューティ（Fiduciary Duty）に本気で取り組み始める？　筆者は驚きました。にわかには信じられない気持ちもありました。「フィデューシャリー・デューティ」という言葉をはじめて聞いたという方もいらっしゃるかもしれません。フィデューシャリー・デューティとは「顧客本位の業務運営」のことを言います。「自分の儲けより顧客ファースト」と理解しておいてください。

フィデューシャリー・デューティという言葉が認識されるようになったきっかけは、2014年9月に公表された金融等の行政指針でした。2017年3月、金融庁は「顧客本位の業務運営に関する原則」を公表し、顧客の立場に立った業務運営を徹底するよう、金融事業者向けに取り組みを促しました。

当時、金融庁が想定していたのは金融事業者でしたが、筆者は2017年6月3日、自身のホームページに「FPとしてのフィデューシャリー・デューティ宣言」を掲載し、金融庁に届けました。FPも同じ意識を持って「フィデューシャリー・デューティ宣言」を行い、「お客様のために」自らの業務を遂行することを公約する必要があると思ったからです。

効果的な資産形成をはばむ日本の不都合な真実

というのも、それまでの相談業務の中で、無駄の多いアセットアロケーション（資産配分）、リスク許容度を超えた投資商品の保有、長期投資に不適切な銘柄の選択、リターンに対して高すぎる手数料の支払い、不必要な回転売買や銘柄入れ替え等々が行われているたくさんのケースを見てきました。

多かったのは、アドバイザーと称する独立系FPやFA（ファイナンシャル・アドバイザー）にライフプランや家計管理の相談をすると、その最後に「この商品を買うといい」と複数の保険商品や投資信託を勧められるケースです。相談者は、「結局、商品を売ることが目的だったんだ」と疑心暗鬼になって、筆者のところに〝セカンド・オピニオン〟を求めて来られます。

相談は無料ですので、その通りですね。

保険料の負担が大きすぎて貯蓄ができないと訴える方、人に勧められて購入したものの騙されている気がすると顔色を変えて駆け込んでこられた方もいました。多くのケースで、顧客の意向やリスク許容度、ライフプランにそぐわないなど、深刻な問題がありました。いったいいつまでこんなことが続くのだろうと暗澹《あんたん》とした気持ちになったものです。

これらの問題に向き合わず、顧客本位の資産形成アドバイスが欠落していた結果、日本の家計資産で投資がなかなか根付かず、多くの家計が投資や資産運用をしたいという気持ちになれない状況につながったのだと思います。残念ながら、「顧客本位の業務運営に関する原則」の登場によっても、状況が改善し、家計の資産所得が増加していくことにはなりませんでした。

米国や英国で家計金融資産形成が進む背景

一方、米国や英国では、1998年からの20年間で、家計金融資産全体はそれぞれ2・7倍、2・3倍へと伸びています（日本は1・4倍、図表2-3）。本書の第1章でも触れていますが、米国では1980年代以降、中間所得層に投資信託を通じて株式などリスク性資産で資産形成する傾向が急速に強まりました。個人年金積立制度個人退職勘定（IRA）や確定拠出年金401kプランなどが普及したためです。

図表2-3　日本では運用リターンによる金融資産額の伸びが小さい

- 1998年からの20年間を見ると、米国・英国ではそれぞれマクロの家計金融資産は2.7倍、2.3倍へと伸びているが、日本では1.4倍にとどまっている。背景として、運用リターンの違いも大きく影響していると分析される。

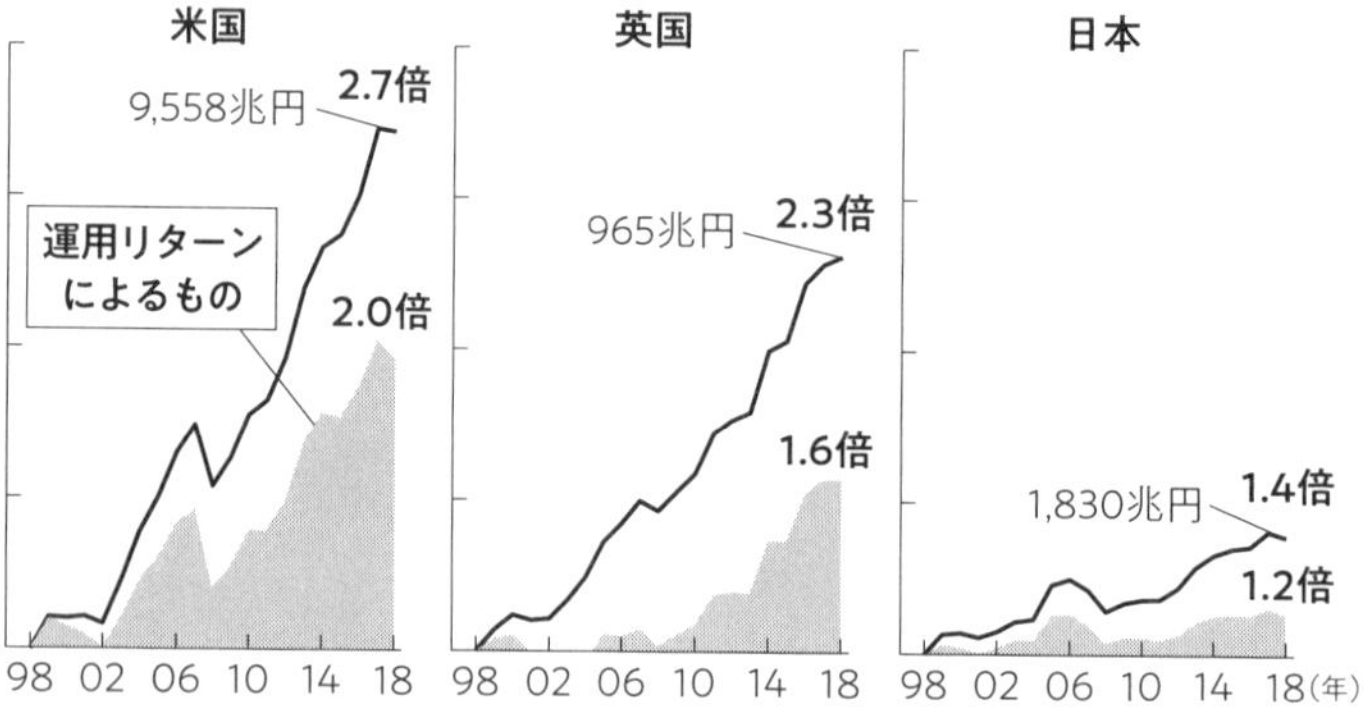

出所：金融庁「つみたてNISA Meetup資料」（2020年9月）より筆者作成

さらに特定の世代に注目して1人当たり平均の金融資産の変化を見ると（図表2－4）、米国では1998年に35歳未満だった世代の金融資産は、18年後の2016年には約8倍になっています（45～54歳）。

一方で日本では、1994年に20歳代だった世代の金融資産は、20年後の40歳代時に約2倍にしかなっていません。この違いは、この時期の日本の家計所得の平均伸び率が米国より低かったこと、ならびに日本の株価の成長率も低かったことがある程度影響していますが、それだけでは説明できません。

日本では、ほぼゼロ金利の預貯金が家計資産全体に占める比率が50％超と、米国はもとより欧州の家計に比べても高いという家計金融資産ポートフォリオの構成の違いが、大き

図表2-4　日本では効果的な資産形成が行われていない

- 米国では、退職口座（IRA、401k等）、投資信託を中心として、現役時代から資産形成を継続した結果、金融資産は20年間で8倍強に増加。
- 日本では、貯蓄率が低下傾向にあり、かつ、預貯金の割合が高いため、20年間で2倍程度にしか増加しておらず、効果的な資産形成が行えていない。

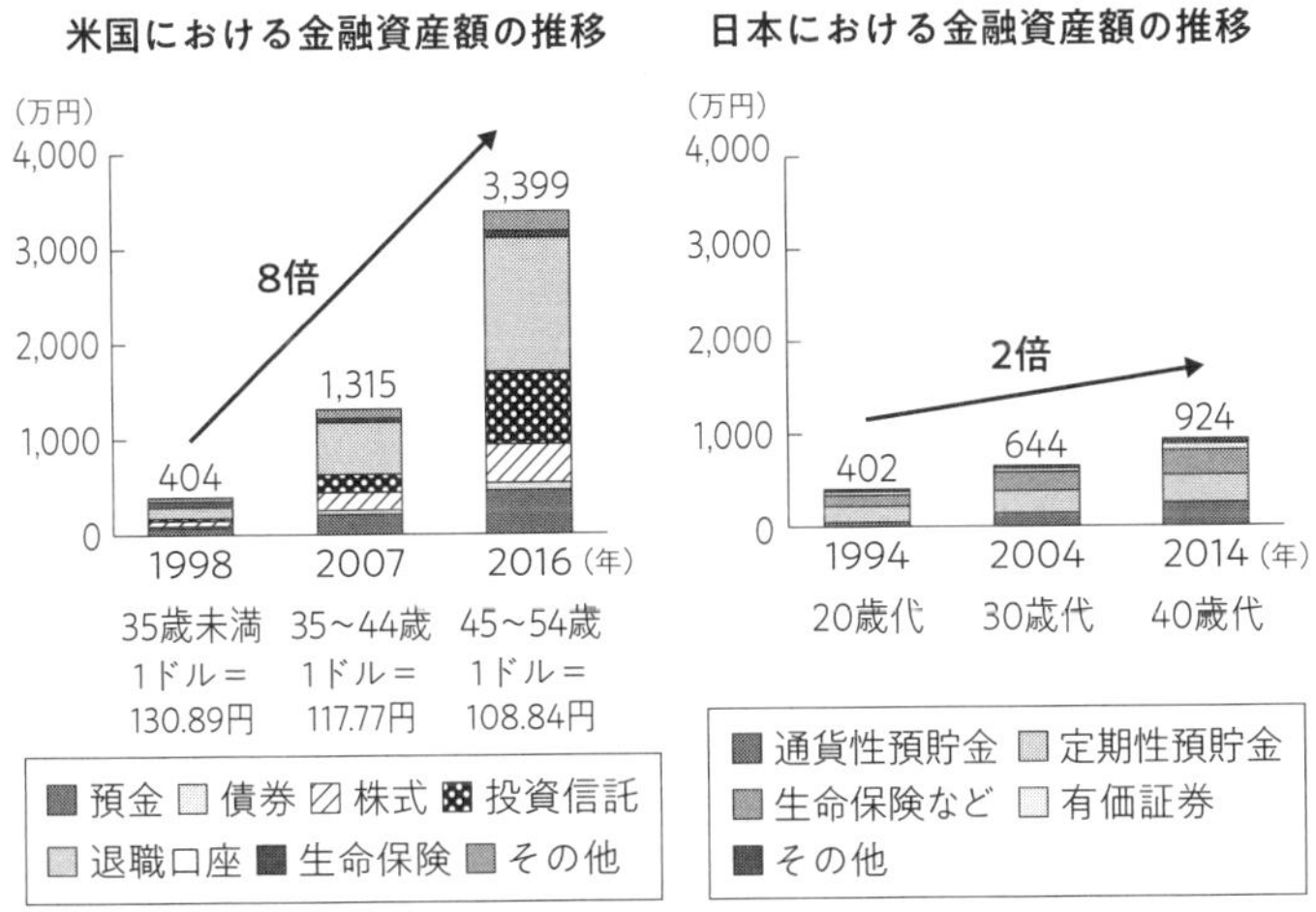

注：金融資産額は、各年の円ドル相場の平均を用いて円換算
出所：金融庁「つみたてNISA Meetup資料」（2019年6月）より筆者作成

な要因になっていることがわかっています。

さらに米国では、確定拠出年金などの制度面の充実に伴って低コストのインデックス・ファンドが増え、これらが広く普及したことも資産形成を促進した要因です。日本も2018年に「つみたてNISA」が開始されてから、長期投資に向いた低コストのインデックス・ファンドが増えてきました。これは期待できる変化ですが、米国に比べるとまだまだ小さい規模にとどまっています。

もうひとつ見逃せないのは、

米英では、金融機関が儲けるためではなく、顧客の資産を増やすためにフィデューシャリー・デューティが強化され、関連する法も整備されたことです。日本において「貯蓄から投資へ」がなかなか進まないのは、顧客ファーストの信頼できるアドバイザーが非常に少ないことも大きな要因でしょう。筆者は懐疑心を抱きつつも、でも今度こそ絶対にこのチャンスを逃してはならないという強い決意を持って、前述の審議会に参加しました。

顧客本位とは何か

米英の家計が20年間の長期にわたって積立投資を続けた結果を見ると、**顧客本位原則の目的は「国民の長期的な資産形成を支援すること」**にあると感じます。不適切な推奨に基づく金融商品の購入や資産運用は、長期的には家計資産に大きな損失をもたらします。コツコツと積立投資をしていっても、無駄なコストとして資金が流出していけば、資産は増えてはいきません。**流出しているのは皆さんの老後資金**です。

「資産運用をしたい時、優秀なアドバイザーは大きなアセットになる」と言われます。米英では、手頃な相談料で、倫理観を持ち、知識も経験も豊富な信頼できる専門家を選択することが重視されています。

米英にも、日本の金融商品取引法上の金融商品仲介業者に相当する業者はいます。米国の

IBD（Independent Broker Dealer：独立系ブローカーディーラー）やブローカー勤務のRep（Registered Representative：登録証券外務員）、英国のRFA（Restricted Financial Adviser：限定FA）などで、これらの人はIFA（独立系ファイナンシャル・アドバイザー）を名乗ることを法律で禁止されています。米英では「アドバイザー」と「販売員」の分離が徹底されているのです。

日本では、金融機関に属さない金融商品仲介業をIFAと言っていますが、英国では全く違います。英国でIFAと名乗ることができるのは、金融商品自体は販売せず、有料のコンサルテーションのみを行い（Fee Only）、アドバイスの内容が「無制限で公平（Unrestricted and unbiased）」である場合だけと定められています。2012年にRDR（Retail Distribution Review）というFCA（Financial Conduct Authority：金融行動監視機構）のルールができ、RDRが定める「独立したアドバイス（Independent Advice）」を提供する者のみがIFAを名乗れることが決まりました。英国のIFAは、商品提供会社や資産運用会社からの報酬の受け取りはできず、顧客からのアドバイス・フィーのみ受け取れるものとされたのです。

米国ではRIA（Registered Investment Advisor：登録投資顧問）は顧客からのアドバイス・フィーと資産運用会社からの報酬受け取りは可能で、フィデューシャリー・デューティの対象です。アドバイザーの監督官庁はSEC（証券取引委員会）ですが、「忠実さと注意深さをもって自分の利益よりも顧客の利益を常に優先すること、顧客との間の利害関係を開示すること、そして低コストで効率的な売買の執行を行うこと」などが義務付けられています。

プロのアドバイザーとは？

次に、顧客本位を前提にし、資産運用をする際に大きなアセットになる「優秀なアドバイザー」について考えてみましょう。

そもそもの問題は、例えば「資産形成をしたい」と相談にきた顧客に対し、ＮＩＳＡやイデコなどを優先的に利用して長期投資をすることを伝えないで、コストの高い金融商品を売る販売者がいることです。これは自らや所属する金融機関の儲けのために「アドバイス」を利用していることになります。

金融商品を販売するという職業を否定しているのではありません。金融機関等の窓口で投資信託や保険などを販売する人は、「販売のプロ」としての仕事がありますし、マネープランの相談に乗り、どういう金融商品を選ぶべきかをアドバイスする人は、「アドバイスのプロ」としての仕事があります。**「販売者」と「アドバイザー」は別の職業で、ともにプロフェッショナルであるべきなのです。**

医薬分業によって患者の安全性が守られているように、アドバイザーと販売者は、それぞれ独立した職業で、ともに職業倫理を持ってもっぱら顧客のために働く専門家であるべきです。さらに言うなら、患者は製薬会社にも患者にも〝中立的な〟医師など求めてはいないように、アドバイザーも販売者もともに「もっぱら顧客のために」あるべきなのです。

アドバイザーは利益相反が生じる金融商品の販売はせず、アドバイスフィーのみを受け取ること。一方、販売者は自分の利益や属する組織の利益よりも顧客の利益のために忠実に仕事をするという忠実義務を守り、顧客の意向やリスク許容度に適合し、顧客の資産所得を増やすために最善で合理的な商品を（きちんとした情報公開とともに）販売すべきです。

「資産所得倍増プラン」の第三の柱として、「消費者に対して中立的で信頼できるアドバイスの提供を促すための仕組みの創設」が挙げられていますが、これも「中立」ではなく「顧客本位」であるべきでしょう。筆者は前述のタスクフォースでもそう提言し続けていましたが、2023年3月に金融庁が国会に提出した金融商品取引法等の一部を改正する法律案には「顧客の立場に立ったアドバイザー」と明記されました（「金融商品取引法等の一部を改正する法律案説明資料」より）。大きな前進だと思います。今後は、何をもって「顧客本位」と定義するのかという認定基準を国民にわかりやすく公表すること、誰が顧客本位のアドバイザーであるのかという認定者のリストの公表、そして、アドバイザーがどんな人で何を相談できるのかを示し、さらにはこれらアドバイザーの育成プログラムの公表をすることも希望します。

顧客も相談する相手の立ち位置を正しく認識し、自分が求める相手を見つけられることが重要になります。自分に必要なのは、アドバイスなのか、金融商品の購入なのかを選択できるようになることが大切です。そのためには、すべての国民がある程度のマネーリテラシーを持つ必要があります。この点は、同プランの第五の柱「安定的な資産形成の重要性を浸透させていくための金融経済教育の充実」によって創設準備が進められている「認可法人金融経済教育推進機構」に期待したいところです。

投資による資産形成の一歩を踏み出そう

有価証券（株式・投資信託・債券）を保有する家計が徐々に増えているとはいえ、せっかくＮＩＳＡ口座を開設したのに投資の一歩を踏み出せないという人も多いようです。「どの投資信託を選べばよいのだろう」「本当に高いリターンで資産形成に成功できるのか」「元本割れのリスクはどのくらいあるのだろう」などといった迷いや不安があるようです。

「投資」と「投機」を混同して後ずさりしている人も少なくありません。アンケート調査によると、「証券投資の必要性を感じない」と思う割合が7割を占め、その理由（複数回答）として「損をする可能性がある」が4割、「金融や投資に関する知識を持っていない」「ギャンブルのようなもの」がそれぞれ3割でした（日本証券業協会「証券投資に関する全国調査」２０２１年度）。

知識不足に伴う懸念が大きいことがうかがえます。繰り返しになりますが、本書の目的は、合理的で効率的な資産形成のために必要な基礎知識と、具体的な資産形成シミュレーションを通して、資産形成と引退後の資産の取り崩しに関して、信頼できる情報と指針を提供することです。宣伝めいて恐縮ですが、筆者もコンサルテーションで使っている「ＦＩＷＡつみたてインディくん」（以下、インディくん）は、これから投資をしていきたい方だけではなく、個人投資家の皆様、プロのアドバイザーの方々にも大いに役立ちます。

投資に二の足を踏んでいる方は、インディくんを使うことで、騰落を繰り返す実際のマーケットでの資産時価総額の推移を追体験する「投資の模擬体験」ができるでしょう。その結果、時期によっては元本割れするけれど、それでも途中でやめずに積立投資を続けることで、複利効果も相まって長期では高いリターンで資産を増やせることを知っていただけます。

あるいはインディくんの過去データを使ったシミュレーションの結果を見て、こんなにリスクがあるのなら株式投信への投資額は少なめにしておこうというリスク判断の参考にもなります。長期的に持続できて、成功する投資に欠かせないのが、自分が耐えられる範囲でリスクをとることです。

投資アドバイザーに求められること

特定の金融商品の販売はせずにアドバイザーとして相談業務をしている方、これから顧客本位のアドバイザーとして活躍していきたい方、金融機関等を定年退職後にこれまでの経験や知識を生かしてアドバイザーとして活躍したい方なども多いと思います。

「あなたの立場に立ってアドバイスし、様々な手続きをサポートしてくれる人がいたら、リスク性金融商品を購入したいと思うか」というアンケートに対し、20歳代で5割、30歳代で4割、全体平均では25％程度が「購入したいと思う」と回答しています（金融庁「リスク性金融商品販売に係る顧客意識調査結果」２０２１年6月30日）。消費者の知識不足を補完してくれる、信頼できる顧客本位のアドバイザーが求められているのです。知識、経験、職業倫理を有し、高いレベルでのコンサルテーションを提供できるアドバイザーは今後さらに必要とされるでしょう。

相談者が求めているのは、「私（相談者）のために働いてくれるアドバイザー」です。相談者一人ひとりのニーズに細かく対応するには、相談者のライフプラン・キャリアプランに沿ったマネープランの策定が必要です。公的年金制度や健康保険制度などの社会保障制度を正しく理解し、企業年金・個人年金についても熟知し、合理的な資産運用、取り崩しの方法について、経済・金利状況を把握したうえで適切にアドバイスできることが大切です。特に資産運用については、相談者のアセットアロケーションを分析し、問題を指摘し、修正案を提示し、必要ならば新たなアセットアロケーションを構築することが求められます。

年金基金などの機関投資家の場合、「運用パフォーマンスの9割以上をアセットアロケーションが決める」と言われています。これは個人の資産運用も同様で、「アセットアロケーションの重要性」が指摘されているのです。

現在は投資助言業の登録をしていないと個別金融商品の推奨をすることはできませんが、今後は国の方針としても、適切なアドバイスが投資初心者層へ広く提供されるよう、「助言対象をつみたてＮＩＳＡやＤＣにおける投資可能商品に限って登録要件を緩和すること」が検討されていくようです。

相談者のポートフォリオのリスクの大きさや、資産ごとのウェイトの適切性についてのアドバイスは、例えば「過去のデータにおいてあなたの運用は約○％のリスクを持っているので、最大×％の損失を想定しておかなければなりません」「このアセットアロケーションは米国株式が○％を占めていますが、このような比率に変えると期待リターンは変わらず、リスクは低減されます」といったアセットアロケーションのモデルを示すことになります。

インディくんは、過去データからこれらのシミュレーションを行うことが可能です。計測できるのは過去データに基づいたリスクとリターンですが、第1章で「リターンは10年程度の長期でも時期によってかなり異なりますが、主要な株価指数、例えば米国の株価指数と日本の株価指数などのリスクや相関関係は、リターンに比べると比較的安定していることがわかっています」と解説している通り、インディくんを使って計測したリスクが将来長期的に持続すると考えてアセットアロケーションのモデルを示すことは理に適っています。

また、例えばコストの高い変額保険を保有するのと、同じ配分で株式指数積立投資（実際はその指数に連動したインデックス・ファンド）を保有するのとでは、運用結果にどれほど差が生じるかなどを知ることができます。資産運用が目的ならば、保障と貯蓄の機能を併せ持つ保険商品（それぞれに手数料が発生します）より、コストの低い投資信託をＮＩＳＡやイデコなどの非課税の口座で保有し、保障を必要とする期間だけ保険料の安い定期保険を持つほうが手数料を低く抑えられ、資産形成には合理的なことがわかります。顧客にとっても有用なアドバイスになるでしょう。インディくんでは、引退後の資産の取り崩し方法を具体的な金額でシミュレーションするなど、リタイアメントプランの選択肢を考えることもできます。

4 公的年金は頼りになる

社会保険制度は正しく理解すべし

筆者には、「老後不安」を持っている人の多くが社会保険を正しく理解することなく、やみくもに不安を増長させている印象があります。不安が高じて勧められるままに必要のない金融商品を買って、却って大切なお金を減らしてしまう人もいます。多くの人にとって引退後の生活の柱になる「公的年金制度」を正しく理解することは、人生のお金について考えるための第一歩です。

引退後の収入の柱になるのは公的年金です。現役時代の就労形態や賃金額によって支払う保険料が違い、その保険料や加入期間に応じて「老齢厚生年金」の受給金額が決まります。すべての国民が加入し、受給要件を満たせば受け取れる「老齢基礎年金」は、保険料は一律で、加入期間によって決まった金額が受け取れます。これらの年金は、60歳から75歳までの間の自分が決めた年齢から受給を開始することができ、亡くなるまでずっと受け取れます。

たとえ100歳まで長生きしたとしても生涯受け取れるため、公的年金制度は「長生きリスクなどに備える保険」と言われます。「などに」というのは、老齢だけではなく、怪我や病気で一定の障害状態になった時には「障害基礎年金」や「障害厚生年金」「障害手当金」を受給できますし、万が一働き手が死亡した場合には、遺族に「遺族基礎年金」や「遺族厚生年金」が支払われるからです。公的年金は「保険」なのです。

一方、低金利の長期化による運用難で販売を中止にする会社もあるようですが、生命保険会社が販売する個人年金保険などは保険ではなく、自分で支払った保険料を積み立てていく「貯蓄」です。契約時に将来の支払額が決まりますし、有期の支払いが中心です。受け取り時にお金の価値が相当下がっている可能性もあります。

民間の保険にも長生きリスクをカバーするための「トンチン年金保険」というものはありますが、保険料は割高です。長生きしそうだと思う人が加入する傾向があるため、保険会社の支払いリスクは高くなり、その分、保険料が割高になるためです。

保険というのは、多くの人が保険料を出し合うことでリスクに備え、リスクが生じた人は金銭的な保障を受ける仕組みです。保険としての機能を高めるためには、リスク分散による財政の安定が必要です。リスクの低い人も含め多くの母集団を構成して大数の法則を効かせることが重要です。現役期はすべて公的年金制度の被保険者になり、納めた保険料をその時々の高齢者の年金給付に充てる仕組み（賦課方式）のため、インフレ調整後の実質的な価値に配慮した年金を生涯受け取ることができます。任意加入の民間保険会社には絶対つくれない「保険」です。

また、一定期間受け取るのを我慢する（繰り下げる）と年金額は増えます。受給開始を1カ月遅らせるごとに０・７％受給額は増加するので、１年延長すれば８・４％、５年間我慢すれば42％、10年なら84％も増えます。

こうした情報は十分に普及していないようで、「ですから元気なうちはなるべく長く働いて、受け取れる公的年金を増やすといいですね」と若い世代の方に話すと、「年金って意外に充実しているんですね」という反応があります。そして、「でも、繰下げて早く亡くなったら損じゃないですか」とおっしゃいます。そこで、「繰下げて後悔するのはあの世、繰上げて後悔するのはこの世」という、誰かが言い出した繰下げ受給の格言をお教えすると、皆さん「そうですね」とクスクス笑われます。

煽られすぎている公的年金不安問題

さて、もうひとつ蔓延している「こんなに少子高齢化が進んでいて、将来、年金は本当にもらえるの？」という不安について考えましょう。

かつての日本は、子が老親を扶養する家庭がほとんどでした。しかし戦後の高度成長で賃金労働者が増え、都市化・核家族化が進んだことに対応し、１９６１年にすべての人が加入する公的年金制度ができました。高齢になって働けなくなった人の生活を現役世代の国民全員で支える「賦課方式」の制度です。今、多くの高齢者の生活は公的年金によって支えられています。年金給付額は年間58兆9000億円（2022年度当初予算ベース）で、国内総生産（GDP）の約1割にあたります。

しかし賦課方式では、少子高齢化・人口減少が進めば保険料収入が減り、給付費が増えて年金財政が揺らぐことになります。このため、年金制度をいかに安定的に運営するかが重要となり、年金改革が進んでいます。

2004年には、急速に進行する少子高齢化を見据えて、将来にわたって年金制度を持続的で安心なものにできるよう年金財政の大改革を行いました。改革のポイントは次の4つです。

①現役世代が支払う保険料負担水準の固定化
②基礎年金の国庫負担の2分の1への引き上げ
③積立金の活用（具体的には、将来の高齢化が進むのに備えて運用している積立金を、概ね100年間で財政均衡を図る方式として、財政均衡期間終了時に1年分の給付費程度の積立金を保有することとして積立金を将来世代の給付に充てること）
④財源の範囲内で給付水準を自動調整する仕組み（マクロ経済スライド）の導入

将来予測できないような大きな変化があるかもしれないので、政府は少なくとも5年ごとに人口や経済が見通し通りになっているかを検証し、少しずつ修正することにしています。これを財政検証といいます。

直近では2019年に財政検証があり、それに基づく年金制度改正法が2022年に施行されました。ポイントは大きく3つあります。

第1は「社会保険の適用拡大」です。パートやアルバイトで働く短時間労働者について、社会保険の加入対象を段階的に広げました。従来、従業員500人超の事業所で一定条件を満たす人が対象でしたが、2022年10月には事業所の要件を「100人超」とし、2024年10月には「50人超」に広げます。対象となる人は年金や健康保険が手厚くなります。

第2に「繰下げ受給の選択肢の拡大」です。2022年4月、年金の受給開始を繰り下げる場合の上限年齢を、従来の70歳から75歳に引き上げました。75歳から受給する場合は年金額が本来の水準より84%増になります。

第3に「在職定時改定の導入」です。従来は、65歳以上で働きながら年金を受け取る人は退職などで厚生年金の加入者資格を失うまで年金額が改定されない仕組みでしたが、2022年4月からは毎年10月改定とし、納めた保険料が年金額に反映されるようになりました。これらの改正で「長く働くことで年金額を増やす選択肢」が広がりました。

やみくもな不安から脱却し、効率的な資産運用を

公的年金改革の今後の方向性はどうでしょうか。厚生労働省（厚労省）の社会保障審議会年金部会は2022年10月、次期改革に向けた初会合を開き議論をスタートさせました。最大のテーマは基礎年金の水準低下問題です。

公的年金制度は、国民共通の基礎年金と、それに上乗せする報酬比例部分の厚生年金の2階建てで、それぞれマクロ経済スライドで給付水準を目減りさせる仕組みです。しかし、現行制度のままでは基礎年金の調整が長びくことになります。

2019年の財政検証によると、経済前提が中位（ケースⅢ）の経済成長率（実質）0・4％の場合、報酬比例部分の調整は25年度に終わりますが、基礎年金は47年度までかかります。この結果、基礎年金の給付水準が大幅に下がる見通しです。国民年金にのみ加入する自営業者や非正規労働者の老後生活が苦しくなり、厚生年金に加入する会社員等も低所得者ほど年金水準が下がることになります。

厚労省は2020年に追加試算を公表し、①報酬比例部分と基礎年金の調整期間を一致させる、②基礎年金の納付期間を現行の40年から45年へ延長する――などの改革を行えば、現行制度に比べ、基礎年金・厚生年金を合わせた給付水準が向上する見込みを示しました。この試算をもとに改革案が検討される見通しです。

また、マクロ経済スライドの「フル発動」も焦点です。マクロ経済スライドは、賃金・物価に基づく年金額改定率をもとに、現役人口や平均余命から算出した調整率を引いて、給付水準を調整する仕組みです。ただし賃金・物価の伸びが小さい時は部分的に発動し、物価・賃金の下落時には実施しないルールがあり、基礎年金の調整期間が長引く要因にもなっています。フル発動はこうしたルールを見直し、原則通り常に発動しようというものです。しかし当面、給付の目減りが現行より大きくなる影響があります。

年金制度は、少子高齢化・人口減少に対応する改革が既に実施されており、次期改革への議論も進んでいます。根拠もなく「年金はもらえない」「あてにならない」と考えるのは誤りです。ただし、現役時代の所得対比での年金の給付比率は、現在よりやや下がる見通しで、年金受給を開始した後も緩やかに下がります。したがって、豊かな引退後生活を実現するために自助による資産形成の意味があるわけです。

老後生活における希望やニーズは、人によって様々です。自分の描くライフプラン・リタイアメントプランに合わせ、自助努力で老後資金を準備することが大切です。NISAやDCの制度をフルに活用し、老後のための資産を効率的に積み上げていきましょう。

厚生年金に加入して働き、さらに公的年金の受給開始時期を遅らせれば、どのくらい年金額が増えるかなどを把握することで、具体的な対策を講じることができます。厚労省の「公的年金シミュレーター」を使えば、簡単に試算ができます。これまでも日本年金機構のネットサービス「ねんきんネット」で試算できましたが、公的年金シミュレーターは、本人確認不要で、入力した情報も保存されず、パソコンやスマートフォンで気軽に使えるのがメリットです。詳しい活用方法は後ほど紹介します。皆さんもぜひ活用してみてください（https://nenkin-shisan.mhlw.go.jp）。

やみくもに不安を抱くより、引退までにできることを考え、それを実行していくことが大切です。第3章からは、資産運用サイド、アドバイザーサイドのそれぞれにおいて、活用法のポイントを交えながら解説していきます。

第3章

100歳まで安心のマネープランをアドバイス——資産形成編

未来をピンポイントで見通すことはできない

本章では、各世代の複数のケースに応じた資産形成のシミュレーションを例示していきます。勘違いしないでいただきたいのですが、ここで言う「シミュレーション」とはピンポイントの未来予想ではありません。あくまでも資産のリスクやリターンなどについて想定を置いた試算です。**想定条件が変われば結果も変わります。そして現実には想定条件は変わるのがむしろ普通だということです。**

未来をピンポイントで見通す「魔法の水晶玉」は存在しません。私たちにできることは、過去の事実から導いた「ありそうな想定条件」の下で、将来の結果を試算することです。将来の結果も、可能性の高いケースから低いケースまで確率的な分布が起こります。

そして、現実の変化で想定が変われば試算結果も変えながら、それに応じた対策をとっていく。これが人間にできることの限界です。しかし、非現実的な想定で間違った見通しを持つ人や、何の見通しもなしにやみくもにやっていく人に比べれば、はるかに合理的に目的を達成できるはずです。

また20～30年という長期で考える場合、金融資産の価値はインフレ率を調整した実質値で考えるのが合理的ですが、事前にインフレ率を想定するのも困難なので、各種のシミュレーションはみな名目値です。

過去20年以上、日本のインフレ率は平均してほぼゼロ％でした。しかし足下の消費者物価指数の前年比上昇率は３％を超えて、上がり始めています。今後の日本の長期のインフレ率が平均でどのような水準に落ち着くかは、予想し難いことです。ひとつの目安として、**年率２％のインフレ（物価上昇）が10年続くと、物価は約2割上昇、20年なら約5割上昇、30年なら約8割上昇**という尺度を頭に入れて、長期の名目の試算結果を受け止めてください。

つまり、20年後の資産額が６０００万円という結果が出た場合、仮に今後20年間の平均インフレ率が２％なら物価は50％上昇して１・５倍になるので、６０００万円を今の価値に引き直すと約４０００万円に等しいということです。

4,000万円＝6,000万円／1.5

ただし株価は預貯金や債券と異なり、耐インフレ的な資産であり、株式投資のリターンは長期ではインフレ率がアップするとその分上昇すると考えることができます。したがって今後、株価指数連動の投資信託を中心にした資産形成を目指すのであれば、右記のようなインフレによる価値の目減りにはあまり神経質にならなくてもよいでしょう。

もちろん**投資・資産形成は自己責任がルール**です。本書の内容をよく理解したうえで、**ご自身の資産形成をどうするかはご自身の責任のみにおいてご判断願います。**

生活費は別に考えるのが基本

また、一般に家計の所得から消費支出を除いた金額が「貯蓄」となりますが、月々の支出は不測のケースも含めて変動するので、銀行の普通預金などにいつでも使える残高を置いておく必要があります。こうした預貯金残高を除いた残りの所得が資産形成にまわせるお金です。生活費支出の変動に備えた預貯金と、長期的な資産形成にまわせる金額をきちんと分離して認識することが、合理的な資産形成には欠かせません。

過去20年余り、預貯金はほぼゼロ金利でした。それでもゼロインフレ時代が長かったので、漫然と預貯金に必要以上の残高を積み上げている人は多いでしょう。**生活費支出の変動に備えた必要資金額は**、人によって異なりますが、**せいぜい月間支出額の数倍程度**ではないでしょうか。本書では、**こうした預貯金残高等を除いた、長期の資産形成にまわせる資金だけ**を取り上げます。

さらに試算の前提として、どのケースにおいても引退後の所得の柱になる公的年金の見込み受給額については、厚生労働省（厚労省）の「公的年金シミュレーター」を使っています。前章でも紹介しましたが、公的年金シミュレーターは、スマートフォンかパソコンでウェブサイトを開いて、生年月日を入力してスタートすれば、誰でも簡単に使えます。

「ねんきん定期便」が手元にあるなら、印刷されている二次元コードを読み込むだけで、これまでの働き方を反映した年金見込み額が示されます。ねんきん定期便が手元にない場合は、「働き方・暮らし方」を直接入力することで見込み額がわかります。２０２３年4月26日から年金受給開始時点の税・社会保険料額（令和４年度の東京都新宿区の参考例）を試算できる機能が追加されました。

本書では様々なケースを想定してマネープランを考えていますが、示している考え方が唯一の正解というわけではありません。ご自身の価値観やリスク許容度を勘案し、「自分のマネープラン」をつくる際の参考にしてください。

なお、本書に登場するケースは、筆者（岩城）のコンサルタントとしての多数の事例も参考にしてはいますが、すべて架空のものです。

1 20歳代向けの資産形成プラン——とにかく少額でも始めることが肝心

会社員26歳（年収３００万円・シングル）のケース

まずはシンプルな事例として、新卒で会社に就職し定年までそのまま働き続けるというケースについて考えてみましょう。大学を卒業して就職した26歳の会社員Aさん（１９９７年生まれ）は、自分の人生とお金についてどのようなイメージを持つとよいでしょうか。

第２章でも述べましたが、現役時代に手取り収入から一定の割合を将来のために計画的に貯蓄し、資産形成にまわしていくことが必要です。考え方としては、自分がイメージする引退後の生活を送るためにいくら必要なのかを考え、その金額を達成するためには手取り収入に対し必要貯蓄率はいくらかを考えます。20歳代の人は、ざっくり手取りの２割前後を貯蓄するとよいでしょう。もちろん必要貯蓄率は将来増減することがあります。貯蓄の必要性にできるだけ早い時期に気づき、実行することこそが大切です。

若い方は引退後にいくらの年金が受け取れるかなどは、まだ関心が薄いかもしれません。しかしマネープランをつくるうえで、将来年金はいくら受け取れるのか見当をつけるために、「公

図表3-1　会社員26歳（現在年収300万円・シングル）のケース

1997年（平成9年）生まれ
公的年金の想定と受給見込み額
20歳～21歳　第1号被保険者（学生）
22歳～64歳　第2号被保険者（会社員）　期待平均年収730万円
65歳から受給開始、年額253万円、税引き後の手取り217万円

出所：筆者の想定にもとづき、公的年金シュミレーター（厚生労働省）で計算

的年金シミュレーター」を使って試算してみましょう。また、年金額を知ること以上に、公的年金制度を正しく理解することが大切です。その点も含めて解説します。

将来の年金受給額を確認する

日本在住の人は全員20歳になると国民年金に加入しますが、大学生だったAさんも親が保険料を納めてくれて第1号被保険者となりました。厚労省のウェブサイト「公的年金シミュレーター」の「働き方・暮らし方」の「学生・働いていない（国民年金第1号被保険者）」をタップ（クリック）します。「期間」は「20歳～21歳」と入力（公的年金シミュレーターは、入力した年は1年間を通じて同じ働き方、暮らし方を続けるものとして扱われます。この場合、20歳1カ月目から21歳12カ月目までの2年間として計算されます。以下のケースも同様です）、「付加納付の有無」は「無」です。

付加納付というのは、国民年金第1号被保険者や任意加入者

（老齢基礎年金を受けるための受給資格期間を満たしていない、あるいは年金額を満額にしたいという人が希望すれば65歳まで国民年金に任意で加入できる）が定額保険料に上乗せして月額400円の付加保険料を納付することで、将来の老齢基礎年金の額を増やすことができる制度です。付加年金額（年額）は「200円×付加保険料納付月数」で計算し、2年以上受け取ると、支払った付加保険料以上の年金が受け取れることになります。

シミュレーションに戻りましょう。次に「＋働き方・暮らし方の追加」をタップ（クリック）します。Aさんは大学卒業後に会社に就職したので、「会社員・公務員（厚生年金）」を選びます。会社員として定年退職する65歳まで働くことにすると、「期間」は「22歳〜64歳（43年間として計算されます）」、「年収」は生涯の期待平均年収を入れます。Aさんは「730万円」と想定します。途中で転職などをして年収が大きく変わる場合は、期間を区切って細かく入力することも可能です。

現在の日本の家計の平均年収は500万円ほど（含む引退後世帯）ですので、Aさんの730万円は平均よりやや高い想定です。現役で夫は会社員、妻がパートという家計の平均年収はこのくらいになるかもしれません。「今後30年の期待平均年収などわからない」と思う人もいるでしょうが、あくまでも大雑把な想定でかまいません。例えば今が年収300万円、30年後の自分の期待値が1100万円なら、だいたいその中間という程度の見込みでよいでしょう。

「試算する」をタップ（クリック）すると「あなたの年金見込み受給額」が出ます。Aさんの場合は65歳から「253万円」（2023年4月現在）が受け取れる見込みです。

次に、「税・社会保険料額を開く」をタップ（クリック）します。Aさんの所得税は4万円、介護保険料は9万円、国民健康保険料15万円、住民税8万円（いずれも年額）の合計36万円です。この試算の前提は東京都新宿区在住、国民健康保険加入です。

実際の手取り額は65歳未満と65歳以上の公的年金等控除額の違いや、国民健康保険料から75歳以降の後期高齢者保険料へ変わった場合の変化、配偶者控除の有無などによっても変わってきますが、年金受給開始時点で、個人単位での試算です。

以上の前提で計算した、社会保険料・税金控除後のAさんの手取り額は「年額217万円」。月額約18万円になります。配偶者控除を加味すると手取りは若干増えます。老後は相対的に支出も減るでしょうが、年金だけでは少々心もとない金額です。不足する分はそれまでに自助努力でつくった金融資産から取り崩して賄うことになりますので、計画的な資産運用の重要性が増します。

若い世代の最大の味方は時間

この若い世代の資産形成の方針について基本的なポイントを確認します。第1に、一般に若い世代は所得がまだ少なく、資産形成にまわせる資金はそんなに多くはありません。また、支出変動に備えて流動的な預貯金にある程度の残高も必要です。

先ほども述べましたが、**本章で言う金融資産の形成にまわす資金とは、正確に言うと、税引き後の可処分所得から、①生活費、②生命保険や火災保険などの支払金、③支出の変動に備えた預貯金残高、④住宅ローンの返済——などを除いた後に残るお金です。**

一方で、若い世代の最大の味方は時間です。引退するまで30年以上、職業人として所得を得て、資産を形成する長い時間があるわけです。ここではやや控えめに月額2万円をつみたてNISA、あるいはイデコで株価指数連動の投資信託（インデックス・ファンド）の定額積立てを開始するとしましょう。将来、所得が増えてもっと資産形成にまわせるようになったら、投資額を増やすのがよいでしょう。

しばしばある誤解に、「積立投資も株価が下がってから始めるほうがよい」というものがあります。しかしこれは全くの勘違いです。積立投資の最終的な成績は、①積立投資期間中の株価の経路（上がり下がり）、②積立投資期間の長さ、③最終時点の株価の水準——の3つに依存しており、投資開始の初期時点の株価は高くても低くても最終的なリターンにはほとんど関係ありません。ですから**積立投資は「金銭的な余裕があれば直ちに始める」のがベスト**です。

第2に、世の中ではメディアを含めて、日本の公的年金の持続性について不安を煽るような言説が横行していますが、前の章で述べた通り、多くの場合それらは誇張されています。将来受け取れる公的年金の見込み額もわからないまま、不安だけ煽られている人も少なくないようです。既に述べた年金の見込み額を頭に入れて、将来必要な資産額を考えましょう。もちろん、将来の公的年金の受給額は、今後の物価や賃金の変化に伴い変わってきます。見込み受給額のチェックを数年に一度ぐらいはしておきたいものです。

また、日本の企業従業員の年金制度は、基礎年金（1階）と厚生年金（2階）で構成される公的年金に、3階部分として企業年金が加わります。企業年金は伝統的な確定給付型（DB）と確定拠出型（DC）があります。DBは公的年金とは異なり、死去するまで支給される期限のない終身給付型はかなり減っており、10年等の期間限定の給付が主流です。DBの給付条件は企業によって様々ですので、本書での資産形成プランでは含めずにおきます。一方、イデコを含む確定拠出型（DC）は自分自身で運用メニューを選ぶものですので、本書でも資産形成プランに含めて考えることにします。

第3に、**若い世代にとって最も重要な投資は、職業人としての自分自身の価値を高めるための経験や広義の意味での学習への投資です。金融資産への投資額を大きくしすぎることで、**

様々な新しい経験をする機会を犠牲にしては本末転倒です。海外旅行や留学なども積極的に取り込むことが人生を豊かにするベースになるでしょう。この点は特に強調しておこうと思います。

長期的に期待できるリスクとリターンとは？

資産形成の手段として、つみたてＮＩＳＡ、あるいはイデコなどで株価指数連動の投資信託を対象に毎月２万円の積立投資を行うと想定します。**問題はどのような株価指数を選ぶか、その場合どの程度のリスクとリターンが見込めるかです。**この点は、本章の他のケースにも共通する事項なので、異なる年齢層の方もお読みください。

また、本書で示す試算は「ＦＩＷＡつみたてインディくん（有償版）」（以下、つみたてインディくん）による実際の過去の株価指数と配当データに基づくものですが、**配当は再投資に回し（複利運用）、基本的に税引き前、手数料控除前のものであること**をご承知ください。また海外の外貨建ての株価指数はすべて円換算して表示しています。つまり、**日本人が円資金で外貨建ての株価指数に投資した場合（為替リスクヘッジなし）を想定**しています。

まず過去の長期的な実績を参考にしましょう。短期・中期の株価のリスクとリターンは、その時期によって大きく異なりますが、期間が長くなるほどリスク、リターンともに一定の年率

図表3-2　資産時価総額と累積投資額の推移（日経平均株価指数）

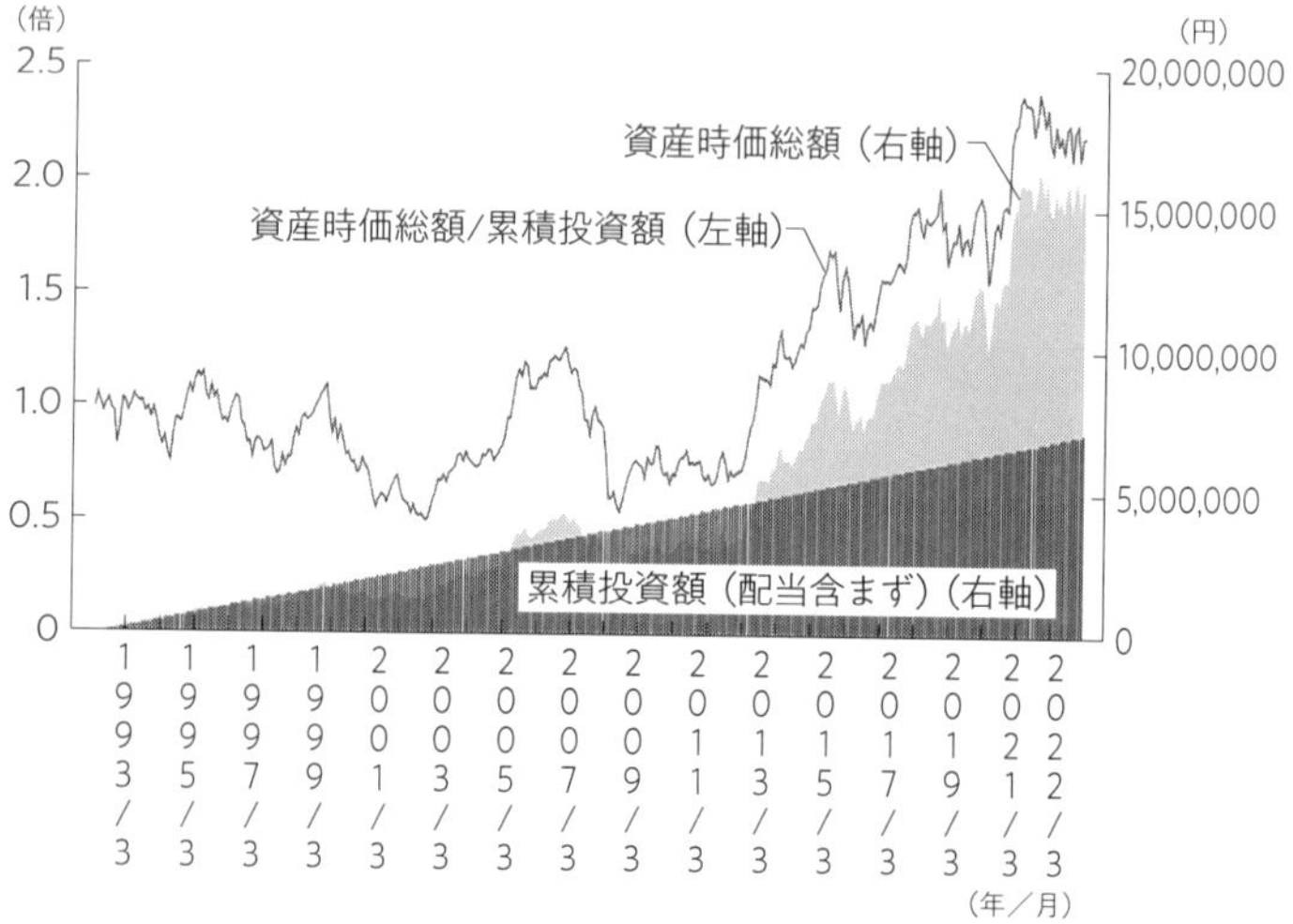

過去データでのシミュレーションその1

投資対象	日経平均株価指数
投資期間	1993/3～2022/2
投資月額	2万円
資産時価総額	1,592万円
累積投資額	720万円
資産時価総額／累積投資額	2.21倍
年率リターン	4.8%
リスク	19.0%

出所：「FIWAつみたてインディくん」で計算・出力

幅に収束する傾向があることが知られています。

図表3－2は、日経平均株価指数連動のインデックス・ファンドに過去30年間、毎月末2万円積立投資した場合の実績です。累積の投資額は720万円、2023年2月末現在の資産時価総額は1592万円、累積投資額に対する倍率は2・21倍、年率リターンは4・8％となります。これは税引き前の成績ですが、つみたてNISAやイデコを利用すれば、非課税で運用できます。

図表3－3は、代表的な米国株価指数（S&P500、あるいはほぼ同様のMorningstar US Large Cap.）で同様に運用した場合です。この場合は、資産時価総額は4508万円、累積投資額に対する倍率は6・26倍、年率リターンは10・3％となります。本書で単に**「米国株価指数」という場合には、常にこの株価指数を意味**します。

この2つを比べると、断然、米国株価指数による運用成績が良いです。欧州の株価指数や中国など新興国の株価指数に比べても、1990年代以降の米国株価指数の成長率の高さは群を抜いています。

ただしここで2点、注意してください。第1に、筆者は先ほど長期運用になるほど最終的なリターンはリスクに見合って高い一定の年率幅に収束する傾向があると言いました。しかし同時に、長期になるほど、その途中経過では2001年のITバブル崩壊や2008年のリーマ

図表3-3　資産時価総額と累積投資額の推移（米国株価指数）

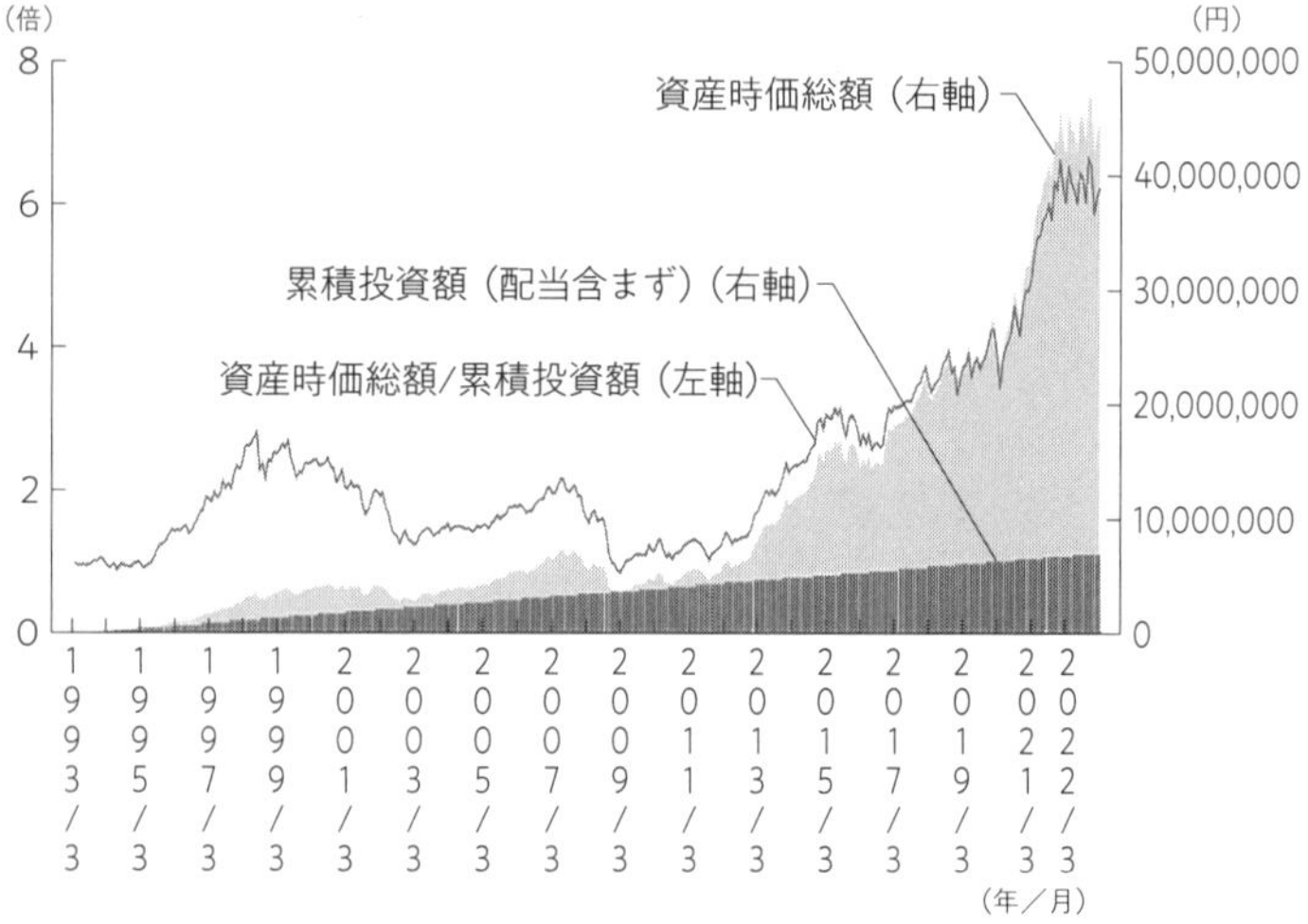

過去データでのシミュレーションその2

投資対象	米国株価指数（S&P500等）
投資期間	1993/3～2022/2
投資月額	2万円
資産時価総額	4,508万円
累積投資額	720万円
資産時価総額／累積投資額	6.26倍
年率リターン	10.3％
リスク	18.3％

出所：「FIWAつみたてインディくん」で計算・出力

ンショック、最近では２０２０年春の新型コロナショックなど、株価が暴落する局面に遭遇する可能性も高まることです。

実際、図表３－３の米国株価指数におけるこの積立投資試算では、リーマンショック前の２００７年４月の累積投資額は３４０万円、資産時価総額は７０８万円（累積投資額に対する倍率は２・０８倍）ですが、リーマンショック後の２００９年2月の資産時価総額は３３４万円（累積投資額に対する倍率は０・８７倍）と半分弱に急減しました。

累積投資額に対する資産時価総額の倍率が１・０を割り込んだということは、「元本割れ」が起こったということです。こうした資産価値の変動性（リスク）に対する代償として、長期では高いリターンが得られる。これが株式投資の基本原理であると、第１章で説明したことを思い出してください。

株価指数が直近の高値から30～50％も下がるような局面で余裕資金があれば、定額積立て以上に追加投資をする。これができれば、暴落も千載一遇のチャンスに転じます。これはちょっと勇気のいる行為でしょう。もしそれができない場合でも、始めた定額積立投資は株価暴落局**面でもやめないことが長期でのリターンにつながります。**

注意していただきたい第2点は、過去30年の投資成績トップが米国株価指数だからといって、次の30年間も同様である保証はないことです。近年のつみたてＮＩＳＡなどで人気の投資信託は、米国株価指数連動型のものが圧倒的に上位を占めています。しかし、米国株価は次の30年間も世界のトップの成績を維持できる保証はないのです。

世界株式指数はベストの指標か

そこで、リスク分散が効いているという点では、「米国だけでなく世界の株式市場に投資できる株価指数のほうがよいのではないか」という考えも浮かんできそうです。当然、そう考える人も多く、世界株価指数（MSCI ACWI、Morningstar Global Markets）などが開発され、それに連動する投資信託も近年の売れ筋上位組です。

そこで米国株価指数、日本株価指数（TOPIX〈東証株価指数〉）、日米双方の株価指数連動ファンドに比率を変えながら投資した合成ファンドと、世界株価指数のリスクとリターンを示したものが図表3－4です。試算の期間は1998年7月から2023年2月までと、過去30年より短くなっていますが、これは世界株価指数が1998年7月までしか遡れないからです。

ここから世界株価指数の成績（図表上の④）を見ると、リスクは米国株価指数（図表上①）よりやや高く、リターンは低いことがわかります。また、米国株価指数と日本株価指数（TOPIX）の間にはリスク分散効果があり、双方の比率を変えながら組み合わせた日米合

図表3-4　米国・日本・世界株価指数の積立投資リスク&リターン（1998年7月～2023年2月）

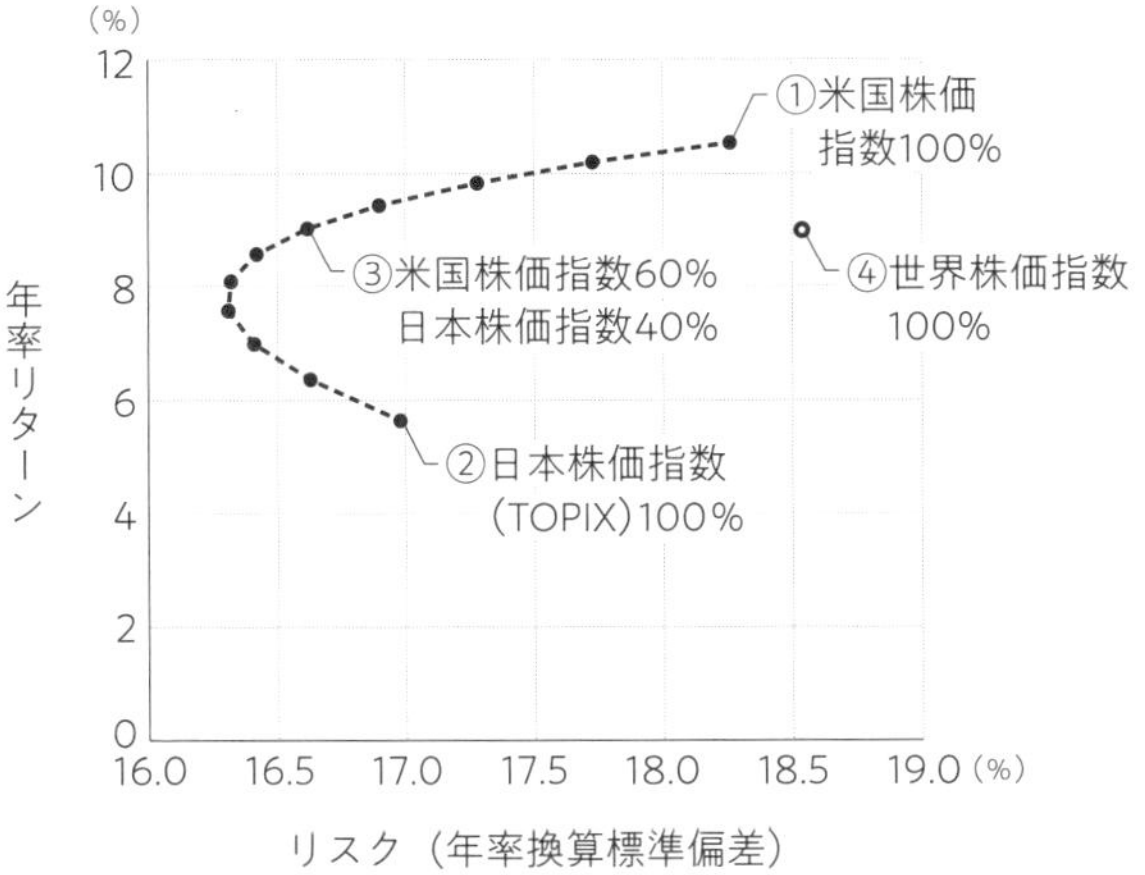

出所：「FIWAつみたてインディくん」で計算・出力

成ファンドには、左側に凸の「有効フロンティア」が現れています。これは第1章で説明した通りです。

そして**米国株価指数60%、日本株価指数40%の合成ファンド（図表上③）のリターンは9%で世界株価指数とほぼ同じです**が、リスクを示す図表上の位置は世界株価指数よりずっと左で、**相対的に低リスクで**あることを示しています。

世界株価指数は時価総額の規模に従って各国の株価が組み込まれているので、時価総額の大きな米国株の構成比率は大雑把に言って6割前後です。新興国株式で大きな構成比率を占めるのは中国銘柄です。中国経済は2000年以降、実質GDPで見て急速な経済成長を遂げ、アリババなど飛躍的に成長した企業群もあります。

しかし中国銘柄の場合、上場されている株式の時価総額では巨大ですが、必ずしも株価成長率が高くない国営企業の占める割合が大きいのです。その結果、中国株式市場全体としての成績は米国に比べて大きく劣後していることが、世界株価指数の足を引っ張っているひとつの要因と考えられます。

投資は常に将来の不確実を伴うので、何を選ぶのがベストであるか、事前に絶対的な正解を得ることはできません。過去30年間、世界主要各国比較でダントツのリターンを生んだ米国株式市場も、１９６０年代末から１９８０年代初頭までの約15年にわたって、高インフレ下で株価は横ばい（実質ではマイナスリターン）だった時期もあります。この点は後述しますが、米国株価指数で１９５０年まで遡って計算した20年ごとの年率リターンの中央値（リターンの高低分布でちょうど中間の値）は８％台です。

また日本の株価指数も、〝バブル崩壊〟後の１９９０年代は全く不振でしたが、銀行の不良債権処理が概ね終了した２００３年3月以降における過去20年間の日経平均株価指数連動の定額積立投資による年率リターンは７・２％と、かなり回復しています。

30年間の積立運用で累積投資額の3倍に

以上の事情を踏まえて、ここでは日本と米国の株価指数にそれぞれ月額1万円、合計2万円の積立投資を今後30年間継続した場合、年率リターンはやや控えめに8%、リスクはやや高めに17%と想定して、資産形成の試算をしてみましょう。

図表3－5がその結果です。この試算はつみたてインディくんの「将来の資産シミュレーション機能」でできます。使っている手法はモンテカルロ・シミュレーションという確率モデルで、この分野では一般に広く使用されているものです。このシミュレーションは1カ月ごとに株価がランダムに変動するという試行をコンピューター上で何万回も高速で繰り返し、結果の分布を示したもの

図表3-5　Aさんのケースにおける将来の資産シミュレーション

投資期間	今後30年間	
投資月額	2万円	
累積投資額	720万円	
想定年率リターン	8.0%	
想定リスク	17.0%	
30年後の資産時価総額（万円）		累積投資額に対する倍率
平均期待資産額	2,993	4.2
分布の上位10%	5,617	7.8
分布の上位20%	4,133	5.7
分布の中央値	2,333	3.2
分布の下位20%	1,358	1.9
分布の下位10%	1,042	1.4

出所：「FIWAつみたてインディくん」で計算・出力

で、リスクとリターンを与えると将来時点の資産額の確率的な分布を推計することができます。「確率的な分布の推計」ということに不慣れな方が多いかもしれませんが、第1章でお話ししたコイン投げのゲームを思い出してください。コインを100回投げると、100回中90回、表が出る場合もありますが、そうしたことが起こる確率はとても低くなります。逆に100回中90回、裏が出る場合もありますが、同じく確率は低いです。

つまり表と裏が50回ずつ出るというのが真ん中の値（中央値）になり、表が出る回数が50回より多くなるほど、その後、そうしたケースの頻度（確率）は下がります。反対に50回より多く裏が出るほど、その後、そうしたケースの頻度（確率）もやはり下がります。その結果、中央値近辺の頻度が最も高く、そこから離れるほど頻度は低くなる釣り鐘型の分布（正規分布）が生じることになります。つまりモンテカルロ・シミュレーション法は、一定のリスクとリターンに基づきながら、1ゲーム当たり例えば100回のコイン投げからなるゲームを数万回繰り返し、その結果の分布を示したものだとご理解ください。

図表3－5を見るとわかるように、年率リターン8％、リスク17％の想定では、30年後の資産額の見込みの中央値は2333万円（累積投資額の3・2倍）、上位10％の幸運なケースでは5617万円（同7・8倍）、逆に下位10％の不運なケースでは1042万円（同1・4倍）です。リターンを高く想定するほど、将来の資産額が増えることは誰でもわかるでしょう。で

は、リスクを高くするとどうなるでしょうか。その場合、上下の分布の幅が大きくなります。つまり幸運な場合と不運な場合の格差が大きくなります。

次に、図表3－5の「平均期待資産額」と「分布の中央値」の資産額の違いに注意してください。平均期待額のほうが中央値より660万円ほど大きな値になっています。これは各分布の上位（幸運な場合）の資産額は大きく、下位（不運な場合）の資産額は小さくなるため、平均値を計算すると中央値より大きくなるためです。

これではわからないという方は、次のような極端な例を考えてください。今100人の所得分布があり、うち99人は1万円、残る1人は100万円だとします。この場合、所得の大きい順に上から数えて50番目（厳密には50・5番目）の人が中央値の所得になりますが、ここでは1万円です。しかし平均値所得は、次の計算の通り1万9900円になります。このように、格差のある分布では中央値と平均値の乖離が生じます。

1万9,900円＝（1万円×99＋100万円×1）／100

とりあえず将来の期待資産額としては中央値の2333万円を採用しましょう。「自分はどちらかというと運の悪いほうだから、下位10％のケースに落ちるのではないかと不安だ」などと感じる人もいるでしょう。大丈夫です。その場合にもリカバリーする方法があります。それは本章で後ほど説明します。

また、つみたてインディくんの過去シミュレーションの機能で算出されたリスクとリターンをモンテカルロ法による将来シミュレーションに入れて、同じ期間について計算した場合、過去データによる資産額（あるいは資産時価総額／累積投資額）は、将来シミュレーションの「平均期待資産額」とおおよそ同じか、場合によっては「平均期待資産額」と「中央値」の中間程度の値で出てきますが、完全に一致するということはないでしょう。

これは、年率リターンの計算方法が完全に同じではない、また積立投資はその経路に依存する等の細かい技術的な問題によるものです。将来シミュレーションの結果は、それが算出する中央値をベースに幅をとって受け止めてください。

ともあれ、20歳代でまだ所得水準が低く、転職などの可能性もあり、将来にわたる所得がどの程度増えるかわからない人生ステージでは、比較的少額でもまず投資をスタートさせることが肝心です。この時に始めた積立投資は、引退時資産の最低限のベースを形成するものと考え、何かよほどやむを得ない事情がない限り、途中で取り崩したりしないほうがよいと思います。その後の所得の増加、住宅購入や結婚してからの子供の教育費との収支次第で積立投資額を柔軟に増やしていけばよいでしょう。

2 30歳代、平凡な年収（400万円）でも資産形成を諦める必要はない

会社員33歳（年収400万円・シングル）のケース

1990年（平成2年）生まれの会社員Bさんのケースを考えましょう。Bさんは収入があまり多くないため、長く働き、自助努力で資産運用をする必要性を感じています。Bさんはどのように資産運用をしていけばよいでしょうか。

まず、前回のケースと同様に「公的年金シミュレーター」を使って年金見込み受給額を試算します。Bさんは23歳で就職し、定年後も再雇用で70歳になるまで働くとします。期待平均年収は500万円です。

65歳から年金受給を開始すれば実際は在職老齢年金の調整や、在職定時改定が生じますが、ここではざっくり計算して、受給額は年額172万円、月額約14万円。70歳以降は同215万円、月額約18万円です。働きながら5年間受給を遅らせると、支給停止されている額を除いて繰り下げ加算され、70歳からの受給額は287万円に増えます。税金や社会保険料を控除した手取り額は244万円です。月額約20万円の年金を一生受け取れることで老後の安心感は増し

図表3-6　会社員33歳（年収400万円・シングル）のケース

1990年（平成2年）生まれ
23歳～69歳　第2号被保険者（会社員）　期待平均年収500万円
公的年金の想定と見込み受給額
70歳から受給開始　年額287万円　手取り同244万円

出所：筆者の想定にもとづき、公的年金シミュレーター（厚生労働省）で計算

ます。

ただ、賃貸住宅に住み続けるなど老後になっても現役時代より支出が減らない場合も想定し、もう少し余裕がほしいところです。また、転職も珍しくない今、まとまった金額の退職一時金が得られない人も多いでしょう。Bさんもしっかり働きながら、お金にも働いてもらうために、つみたてＮＩＳＡやイデコを活用することにしましょう。

お金の置き場所は資産全体で考える（ＮＩＳＡとＤＣ）

ＮＩＳＡやイデコ、企業型ＤＣは税制優遇が大きいので、お金を増やすために優先的に使いたいお金の置き場所です。シンプルにマネープランを考えるために、金融商品の３つの特徴を生かしてお金の置き場所を考えてみましょう。

どのくらい利益（リターン）が期待できるかを「収益性」、お金を引き出しやすいかどうかを「流動性」、元本が減らないかどうかを「安全性」といいます。元本とは金融商品の購入・投資に充てた資

金の額、いわゆる元手のことです。

第1章で説明した通り、金融・投資商品の基本原理として、収益性（リターン）が高ければ安全性は低く（リスクは高く）なります。逆に安全性が高ければ収益性（リターン）は低くなります。「収益性が高く、かつ絶対安全」という金融・投資商品はあり得ず、そんなことをうたっているセールスに遭遇したら詐欺だと思って用心してください。

Bさんは現在、普通預金が１５０万円あるとします。毎月の生活費は25万円ですので、半年分の生活費に相当します。普通預金に一定額を置いておくことで、例えば入院費などに備えて医療保険に入る必要もなくなります。コロナ禍では、休業を余儀なくされ収入が激減したため住宅ローンの返済に窮した人もいました。不測の事態に備えていつでも使えるように、収益性（リターン）はほぼゼロですが、安全性と流動性が最も高い普通預金に一定額を置いておくことは大切です。もしもの時に生活を守るためのお金の置き場所でもあると考えてください。

また、例えば3年後に子供が進学する、家を買うなど、近い将来まとまった支出が予定されている場合は、安全性重視のお金の置き場所にしておきます。定期預金や個人向け国債などを利用するとよいでしょう。２０２3年春の現状では定期預金も国債も利回りはゼロ％に近いですが、物価の基調が上がり始めており、それに応じて金融政策が将来変更されれば、利回りもある程度は上がることが期待できます。

安全性重視、つまりリスクをとらずにお金を運用したい場合で、かつ将来金利が上昇する可能性がある現在のような状況下では、「個人向け国債（変動10年）」が有利です。個人向け国債は、政府が個人向けに販売している国債で、最低金利（年率０・05％）を保証しており、経済環境によって実勢金利が下落しても元本割れしない安全性の高い商品です。銀行や証券会社などで1万円から購入でき、発行後1年経てば換金も可能です。中途換金時には直前2回分の各利子（税引前）相当額×０・７９６８５が差し引かれますが、元本割れはしません。

金利や満期期間によって3つのタイプがあり、「変動10年」は満期10年で半年ごとに適用利率が変わる変動金利型です。本書執筆時点（2023年5月）の利率は税引き前０・28％（税引き後０・223％）で、メガバンクの定期預金金利０・002％よりは多少高いです。利率は「基準金利（10年物国債の実勢金利）×０・66」で決まるので、金利が上昇すれば、それにつれて利率も上がる仕組みです。

一方、すぐに使う必要のないお金はゆっくり時間をかけて増やしていきます。税制優遇の大きい確定拠出年金やＮＩＳＡを優先的に使います。収益性が期待できるお金の置き場所です。

図表3－7を見てください。

複数の運用口座を持つ場合、個々の口座ではなく、資産（アセット）全体でどのように運用するのかバランスを考えることが重要です。「アセットアロケーション（資産配分）」と「アセ

図表3-7　お金の置き場所は資産全体で考える——アセットロケーションの例

	リスク性資産	無リスク資産
	収益性重視	流動性・安全性重視
課税口座		普通預金 定期預金 個人向け国債(変動10年)
NISA	日本株式投資信託	
確定拠出年金 (イデコ・企業型DC)	米国株式投資信託	

出所：筆者作成

ットロケーション（資産の置き場所）」という2つの考え方がポイントです。

資産運用をする場合、アセットアロケーションについてはよく知られるようになりましたが、アセットロケーションは知らない人も多いかもしれません。

アセットアロケーションは、どんな資産区分（アセットクラス）にどのくらいの割合で配分するかを決めることです。過去の運用データを分析した研究では、「運用リターンの8割以上はアセットアロケーションで決まる」とされ、長期投資には重要な考え方です。さらに、アセットアロケーションの資産区分ごとに具体的な運用商品の組み合わせを決めたものを「ポートフォリオ」と呼びます。

一方、アセットロケーションは、どの口座で何を運用するかという「お金の置き場所」を考えることです。お金の置き場所には、銀行の預貯金口座、一般の証券口座、税制優遇のある少額投資非課税制度（NISA）や確定拠出年金（イデコ・企業型ＤＣ）などがあります。ＮＩＳＡやＤＣは運用時の税金が非課税になるのがメリットです。**アセットロケーションは「期待リターンの高い運用商品は非課税口座に置く」というのが基本で、ＮＩＳＡやＤＣの口座をどう活用するかがポイントになります。**

これは当然のことなのですが、念のためにわかりやすい例で説明します。資産２００万円を、①株式投資信託１００万円、②定期預金１００万円に、それぞれ割り当てるケースで考えてみましょう。株式投信は年率５％、定期預金は同０・１％で運用できたとすると、１年後には株式投信の運用益は５万円、定期預金の利息は１０００円で、合計５万１０００円になります。非課税口座で株式投信、課税口座で定期預金を保有した場合、利息にかかる所得税・住民税（復興特別所得税除く）は②の「１０００円×20％＝２００円」で、税引き後の運用益と利息の合計は５万８００円です。

逆に、非課税口座で定期預金を、課税口座で株式投信を保有した場合、運用益にかかる所得税・住民税は①の5万円×20％＝1万円で、税引き後の運用益と利息の合計は4万1000円です。このように、お金の置き場所が違うだけで約1万円の差が生じます。長期で保有すると、この差はさらに広がります。

実際に相談を受けるケースでは、企業型ＤＣで定期預金やバランス型投信を保有しているケースなどをよく見ます。**企業型ＤＣの口座内で分散投資をするよりも、預貯金は有税の銀行口**

座に置き、**企業型DCはリスク資産だけにするほうが、税引き後のリターンは高くなり、より合理的な資産形成ができます。**その人のリスク許容度にもよりますが、リスクを抑えたバランス型投信ではなく、例えば企業型DCでは日本株投信、イデコでは外国株投信というように口座をまたいで分散したポートフォリオを持つのがよいでしょう。

図表3－7の例では、イデコで米国株式投信を、NISAで日本株式投信を保有しています。また、イデコでもNISAでも「日本を含む全世界の株式に分散投資できる投信」を1本だけ持つというのもひとつの選択肢です。

基本的な考え方は、**NISAやDCなどの非課税口座では**定期預金や保険商品など元本確保型商品は買わず、**リスクはあっても長期では高いリターンが期待でき、非課税メリットを最大限に受けられるようにする**ことです。DCは基本的に60歳までは引き出せない点に注意し、資産運用の目的や目標を明確にしたうえで、ライフプランに基づくマネープランを踏まえてアセットアロケーションとアセットロケーションを考えることが大切です。

次に、非課税の資産運用制度として、企業型DCとイデコ（個人型DC）の仕組みについて説明します。

企業型ＤＣとイデコの併用のポイントと注意点

ＤＣ（確定拠出年金）は、老後資金づくりのための私的年金で、税制優遇があるお得な制度です。自己の判断で運用メニューを選び、その運用成果によって将来受け取れる給付額が変動します。働き方や勤務先により加入できるタイプが決まり、会社が従業員のために用意する企業型ＤＣと、個人が任意で加入する個人型のイデコがあります。

企業型ＤＣは、会社が従業員のために導入する企業年金のひとつで、会社が掛け金を出し、従業員自身が具体的な運用メニューを選びます。原則として全従業員が加入対象です。例えば、会社が負担する事業主掛け金が月５０００円の場合、加入者本人が同額を上限として掛け金を追加拠出できる「マッチング拠出」制度を導入していれば、従業員が月５０００円を追加拠出することができます。

それでも合計の掛け金は月１万円で、イデコの上限額月２万３０００円（会社員の場合）に達しないなど、老後資金への備えとして心もとないと感じる人もいました。従来は、企業型ＤＣとイデコの併用は会社が規約で認めている場合などに限られていましたが、**２０２２年10月から原則併用が可能になったことで、マッチング拠出ではなく、イデコに加入して掛け金を拠出することができるようになりました。マッチング拠出とイデコはどちらか一方を選択する**ことになります。

マッチング拠出の場合、加入者の掛け金は事業主掛け金と同額までで、かつ合算で拠出限度額の月５万５０００円（企業型ＤＣ以外の企業年金がある場合は月２万７５００円）を超えないというルールがあります。

一方、企業型ＤＣとイデコを併用する場合は、会社の企業年金が企業型ＤＣのみの人は、事業主掛け金は月５万５０００円以内、イデコの掛け金は月２万円以内、合計額は月５万５０００円以内です。企業型ＤＣに加え、厚生年金基金や確定給付企業年金（ＤＢ）もある人は、企業型ＤＣの事業主掛け金は月２万７５００円以内、イデコの掛け金は月１万２０００円以内、合計額は月２万７５００円以内です。

企業年金は、企業型ＤＣのみで事業主掛け金が月５０００円の場合は、イデコに加入すれば最大月２万円まで拠出でき、企業型ＤＣの掛け金月５０００円と合わせると、最大で月２万５０００円を積み立てることができます。

このように事業主掛け金が月２万円（企業型ＤＣ以外の企業年金がある場合は月１万２０００円）以下であれば、イデコを選択したほうがより掛け金を多く拠出できます。逆に事業主掛け金が月２万円（同１万２０００円）超であれば、マッチング拠出のほうが拠出できる掛け金は大きくなります。事業主掛け金が月３万５０００円（同１万５５００円）以上ならどちらを選んでも同じです。

選択制ＤＣの仕組み

また最近、同じ企業型ＤＣでも、加入者になるかどうかを従業員に決めさせる「選択制ＤＣ」を導入する会社が増えています。選択制ＤＣにはいくつかタイプがありますが、主流は「給与減額方式」です。これは、会社が給与の一部を「生涯設計前払金」「ライフプラン手当」などの名称で切り分け、それを給与手当として受け取るか、選択制ＤＣの加入者となってその掛け金とするかを従業員が選択するという制度です。

選択制ＤＣの掛け金とする場合は、月５万５０００円（他に企業年金がある場合は月２万７５００円）以内で、加入者である従業員自身が金額を決めます。掛け金額の変更については規約で定められ、一般的に年1〜2回の変更が可能です。ただし、原則として掛け金額をゼロにすることはできません。

例えば、給与月額30万円でそのうち2万円を「生涯設計前払金」とした場合、従業員には次のような選択肢があります。

①選択制ＤＣに加入し、掛け金として月2万円を積み立てる。受け取る給与は月28万円になる。

②選択制ＤＣに加入するが、掛け金は月1万円とし、残りの1万円は給与の「生涯設計前払金」として受け取る。給与は月29万円になる。

③選択制DCに加入せず、月2万円を給与の「生涯設計前払金」として受け取る。給与は月30万円で変わらない。

選択制DCに加入すると、上記の通り受け取る給与額は積み立てる掛け金分だけ減るので、それに応じて所得税・住民税も減ります。つまり、掛け金分は所得税・住民税が非課税になると言えます。さらに厚生年金や健康保険などの社会保険料も、賃金（標準報酬月額・標準賞与額）をもとに算出するので、給与が減れば保険料は下がります。

社会保険料は、会社と従業員が折半しているので、従業員だけでなく、会社の保険料負担も減ることになります。そこで、企業の新たな負担がなく福利厚生として企業年金制度を導入できるとし、FPや社会保険労務士、税理士などが盛んに選択制DCの導入を支援しているようです。

しかし、税金や社会保険料が減ることを期待して、選択制DCの掛け金を増やすのは注意が必要です。厚生年金は支払う保険料が減れば、受け取ることができる給付も減る仕組みです。これは老齢厚生年金だけでなく、遺族厚生年金、障害厚生年金も同様です。また、健康保険における病気や怪我で休んで賃金が払われない時に支給される「傷病手当金」や産前産後休業中で賃金が支払われない時に支給される「出産手当金」、雇用保険における「育児・介護休業給付金」などがありますが、これらの給付金額は給与の額をもとに算出するため、給与が減れば給付も減ることになります。

要するに選択制DCにはこのようなデメリットもあるので、それを勘案したうえで利用することが大切です。ただし、厚生年金保険料は、標準報酬月額が63万5000円、標準賞与額が支給1回につき150万円で頭打ちになる仕組みがあります。そのため、目安としては年収で約1000万円を超える場合は、税負担軽減というメリットだけが残ります。

前述したように、企業型DCとイデコの併用ができるようになったことで、最大月2万円まではイデコで税控除を受けながら老後への備えを充実させることができます。選択制DCに加入している人は、将来の年金受給額減少というデメリットがあることを考え、選択制DCの掛け金を減額しイデコに加入することも検討するとよいでしょう。イデコは加入時に加入手数料2829円、その後も月々の管理手数料（金融機関により異なり最低月171円）の自己負担は生じますが、人生100年時代とされるなか、引退後の安心のために終身で受け取れる公的年金額を減らさないことは大切なポイントです。

不運なケースに遭遇してしまった場合の対処法

このケースのBさんは既に30歳代ですが、今後期待できる平均年収は500万円と、前節のAさん（20歳代）のケースよりやや低めに想定しました。それでも年金、資産形成ともにリカバリーのチャンスはあります。既に見たように公的年金を受給できるのは現行では65歳からですが、70歳まで働くことで受給開始を遅らせれば、平均期待年収730万円のAさんのケースを若干上回る受給額も可能になります。

図表3-8　Bさんのケースにおける将来の資産シミュレーション

投資期間	今後37年間	
投資月額	3.3万円	
累積投資額	1,465.2万円	
想定年率リターン	8.0%	
想定リスク	17.0%	
37年後（満70歳）の資産時価総額（万円）		累積投資額に対する倍率
平均期待資産額	8,999	6.1
分布の上位10%	17,837	12.2
分布の上位20%	12,500	8.5
分布の中央値	6,492	4.4
分布の下位20%	3,497	2.4
分布の下位10%	2,570	1.8

出所：「FIWAつみたてインディくん」で計算・出力

　また現役時代を通しての毎月の投資額は、つみたてNISAとイデコの合計で月3万3000円と控えめにして試算してみました。それでも運用期間を70歳まで37年間と長くすると、中央値の期待資産額は6492万円（年率リターン8%、リスク17%）にもなります。この金額は、現役時代の平均年収が500万円のクラスにとってはビッグ・リカバリーではないでしょうか（図表3－8）。

　しかし同じ図表3－8が示す通

図表3-9　S&P500連動の定額積立投資（円建て）20年間の年率リターン（IRR）推移（データ期間：1950〜2021年）

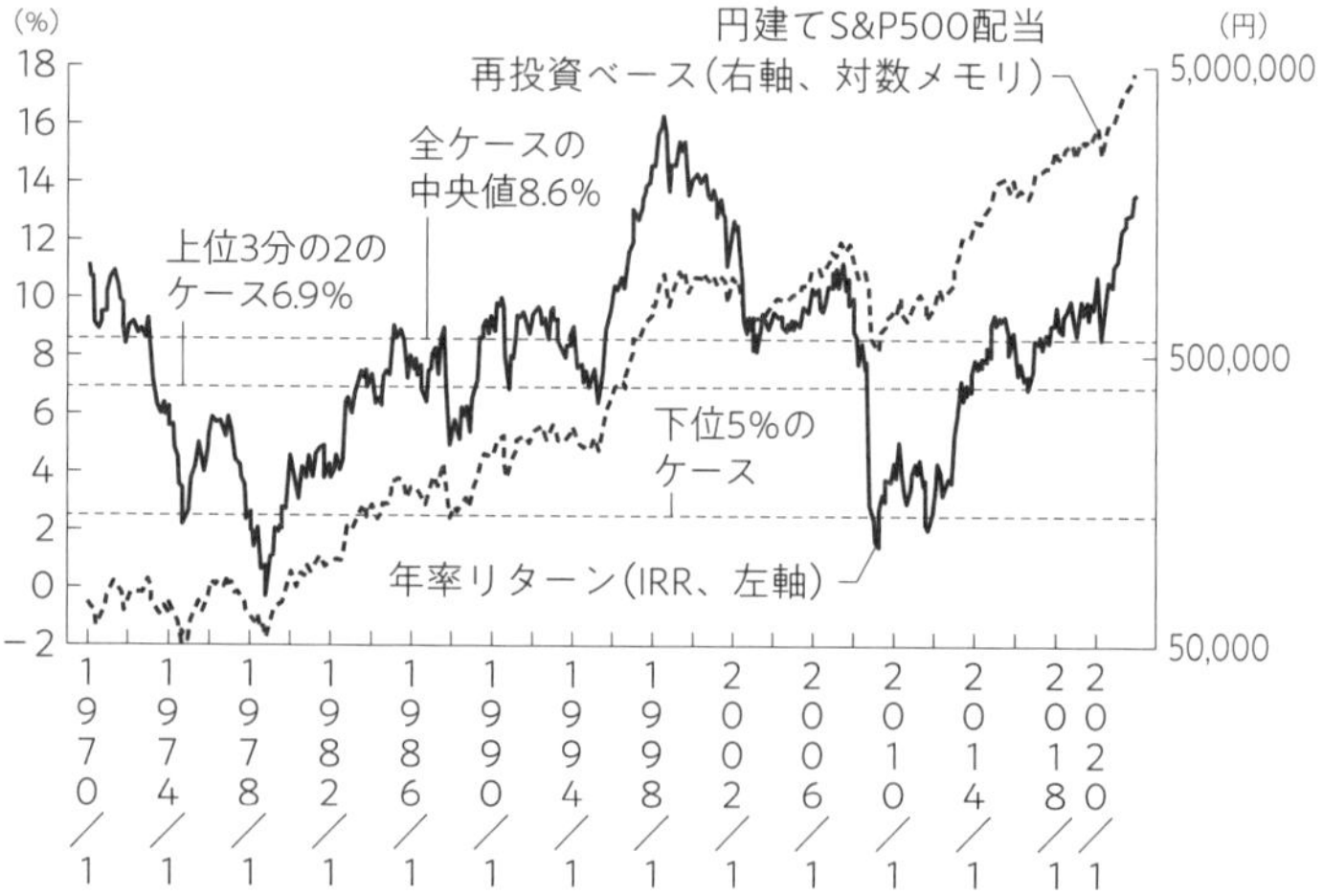

出所：Robert Shiller Online Data（Yale University）にもとづき筆者作成

り、不運とも言える下位10％のケースでは、資産額は2570万円にとどまります。確率は10％未満になりますが、もっと悪いケースもあり得ます。例えば、2008年のリーマンショックでは、株価は直近の高値から半分以下に暴落しました。将来60歳も過ぎ、資産形成もそろそろ終盤になった時に、そのような暴落に遭遇したらどうすればよいでしょうか。

それを考える参考として、超長期のシミュレーションを紹介しましょう。図表3-9は1950年まで遡って、日本人が円資金で米国のS&P500種株価指数に連動する投資信託（インデックス・ファンド）を毎月末、定額積立投資で行った場合の年率リターンを計算したものです。

１９５０年1月が積立投資の開始日で、１９７０年1月に最初の20年間の結果を計算します。以降1カ月ずつずらしながら２０２１年12月までの８６４回のケースの年率リターン（ＩＲＲ：内部収益率）の推移をグラフにしたものです。

もちろん１９５０〜１９７０年にはインデックス・ファンドという投資商品自体がまだありませんでした。日本から海外への投資も外国為替管理法（現在の外為法）により規制されていた時代ですから、現実にはその時代にこうした投資はできなかったのですが、「もしできたら」という仮定で、超長期の米国株への積立投資の結果を試算したわけです。

図表３－９の実線が年率リターンの推移です（左軸）。右肩上がりの破線はＳ＆Ｐ５００の円換算の資産価値です（配当再投資ベース、右軸、対数メモリ）。

年率リターンの中央値は８・６％でした。リターン２・５％以下のケースは全体の５％です。過去52年間で投資のリターンが著しく低下したケースが2つあります。ひとつは１９７０年代末、もうひとつは２００８年のリーマンショックの後です。いずれの場合も、米国株価の下落とドル相場の下落が重なって、リターンが落ち込みました。

第1章で述べた通り、長期の定額積立投資は投資するタイミングのリスクを平準化できるのが最大のリスク回避効果ですが、投資成績は投資の終期の株価水準に強く依存します。図表３

−9でマイナスのリターンに終わったケースは1978年11月に終期を迎えるケースで、年率マイナス0・3％です。もちろんこれは名目のリターンであり、当時は世界的な高インフレ時代でしたので、インフレ率調整後の実質では大きなマイナスリターンです。確率は極めて低いものの、こんな不幸なケースに自分が遭遇したらどうすればよいのでしょうか。

実は、このグラフ自体がそういう場合どうすればよいかを示唆してくれています。**投資を20年、あるいは30年でやめる必要は全然ないのです。**例えば計画していた引退時に運悪く10年に一度の株価暴落局面に遭遇してしまった場合は、**その時に資産を大きく取り崩さず、運用を続けて待てばよいのです。**

実際、過去最悪の1979年のケースでも、1983年まで**4年ほど投資を延長すると年率7％台に回復しています。**リーマンショック直後の2009年3月に終期を迎えたケースでは、1・5％とプラスではあるものの非常に低いリターンでした。しかしこの場合でも、**2013年まで投資を延長すれば7％のリターンに回復しています。**

また、70歳まで働いて資産形成を続けようと思っていたものの、幸運にも10年に一度の株式ブームとなり、数年早く目標額を達成し、年金と資産の取り崩しで十分な資金を確保できた場合には、予定より早期に引退を決めることもできます。

3　40〜50歳代自営業、国民年金だけでは足りない

自営業40歳（現在年収500万円・シングル）のケース

イデコ（上限6万8000円）とNISAで投資

１９８３年生まれの自営業のCさん（40歳）は、20歳で就職し、32歳まで会社員として平均年収４２０万円で働いた後、33歳で独立、自営業を始めました。今後の期待平均年収は７００万円としましょう。厚生年金から国民年金に変わり、60歳になるまで国民年金保険料を支払います。65歳から年金受給を開始するとすれば、年金見込み受給額は年額１０８万円です。税金・社会保険料控除後の手取りは同約94万円になります。

引退後の資金はいくらになるか――「進化版人生設計の基本公式」（つみたてインディくん機能3）から老後生活費のシミュレーション

「基礎年金＋厚生年金」の会社員と違って、老齢基礎年金だけの自営業者は年金見込み受給額が少ないので、Cさんはこれから本格的に老後資金をつくっていきたいと考えています。現在資産額は、リスク性資産５００万円と預貯金など無リスク資産が５００万円、合計１０００万

図表3-10　自営業40歳（現在年収500万円・シングル）のケース

1983年（昭和58年）生まれ
期待平均年収700万円
20歳～32歳　第2号被保険者(会社員)
33歳～59歳　第1号被保険者(自営業)　見込み受給額
公的年金の想定と見込み受給額
65歳から受給開始　年額108万円　税引き後の手取り94万円

出所：筆者の想定にもとづき、公的年金シミュレーター（厚生労働省）で計算

円です。今後結婚するかもしれませんし、住宅購入も考えていますが、老後も今の生活水準を維持するために、今後どのくらい運用にまわしていけばよいか、必要な投資額を求めてみましょう。

事業も軌道に乗り増収の見込みで、あと30年間70歳までは働くつもりです。引退までは月額5万円をイデコとつみたてＮＩＳＡの合計で資産形成にまわします。想定リスク17%、想定年率リターン8%として満69歳時点の時価総額を計算しました（図表3－11）。これはつみたてインディくんの「積立投資による将来の資産シミュレーション機能」を使って計算できます。

満69歳時点の期待資産額は中央値で９３０１万円になります。年金見込み受給額を94万円（手取り）、リタイア後は１００歳まで生きるとした余命年数は30年とすると、引退後の生活費支出可能額は、以下の計算で年額４０４万円、月額約33万70円となります。

図表3-11　Cさんの将来の資産シミュレーション

投資期間	29年	
期初投資額 リスク性資産	500万円	
期初保有額 無リスク資産	500万円	
月間投資額	5万円	
累積投資額	2,240万円	
想定年率リターン	8.0%	
想定リスク	17.0%	
29年後（満69歳）の 資産時価総額（単位：万円）		累積投資額に 対する倍率
平均期待資産額	12,407	4.5
分布の上位10%	23,737	8.7
分布の上位20%	17,045	6.2
分布の中央値	9,301	3.4
分布の下位20%	5,339	1.9
分布の下位10%	4,102	1.5

出所：「FIWAつみたてインデイくん」で計算・出力

404万円＝見込み年金受給額（手取り）＋期待資産額（中央値）／余命年数30年

年金見込み受給額の少ないCさんの場合でも、イデコと新NISAの枠を最大限に利用して長期にわたって資産形成することで、引退後の風景が大きく変わります。ただし、以上は住宅の購入とその元利金返済を考えていません。次に、それを考えた場合の試算をしてみましょう。

所得も増えるが支出も増える中年期

40歳前後の中年期の課題は、一般に所得も増えてきますが、子供が生まれれば教育費がかかり、住宅を購入すれば住宅ローンの元利金の支払いが始まります。

Cさんが40歳で住宅の購入を決意したとします。住宅価格は戸建て3500万円としましょう。東京を中心とする大都市部では過去10年ほどマンション価格が高騰し、今では3500万円ではファミリータイプの中古でも購入は難しいでしょう。しかし都心を少し離れれば、中古の木造戸建てなら3000万円前後で取得可能です。日本ではなぜか中古住宅を疎んじる傾向がありますが、数百万円かけてリノベーションすれば、十分な住環境になる物件は少なくありません。ここでは総額3500万円の費用で住宅を購入する場合を考えます。

金融資産を取り崩し、借入額を最小限にするのは必ずしも賢明ではない

ここで思案のしどころが、手元にある金融資産1000万円を全額取り崩して、住宅購入のための頭金を大きめにする（その分、借入額を減らす）か、あるいは取り崩し額を抑えて、頭金を小さめにする（その分、借入額を増やす）かの判断です。一般に日本人はローンが嫌いで、資金に余裕があれば、とにかくローンを減らすことに強く傾倒しがちです。しかしこの点を合理的に賢く考えるためには、居住住宅もあなたの大切な運用資産として、そのリターンを考えることが必要です。

自分が居住する住宅資産の場合、受取賃料が生じないのにプラスのリターンがあるということは、どう考えればよいのでしょうか。その住宅を購入しなければ、賃貸住宅に住んで賃料を払う必要があります。住宅を購入することで、賃料という支払いのキャッシュ・フローがなくなるわけです。「支払いのキャッシュ・フローが消える」ということは、「受け取りのキャッシュ・フローが生じる」ということと等価と言えるのです。

３５００万円程度の価値のある住宅の賃料は、おおよそ年率５％程度でしょう。その住宅を買わずに借りれば、年額１７５万円（＝３５００万円×５％）、月額約14万６０００円の家賃を払うことになります。では５％が住宅資産のリターンかというと、そうではありません。すべての住宅建物は老朽化により価値が下がります。大雑把に３５００万円の住宅の半分が土地価格、残り半分が建物の価格とし、建物の価値（１７５０万円）は年率７・５％で価値が下がるとしましょう。

ここで言う減価率は、税法に基づいて減価償却費を計上する場合のものではなく、日本の木造戸建て住宅の市況（市場価格）に基づいた減価率です（ちなみに木造建物の場合、国税庁が定める法定耐用年数22年に基づいて減価償却費は決まります）。もちろん減価率は建築当初の建物の質やメインテナンスによって異なるので、この想定はあくまでも一般的なケースです。

この想定で計算すると、３５００万円の住宅は25年後には２０００万円の価値になります

（＝土地価格1750万円＋建物250万円）。購入時の価値3500万円に対する年率では2・2％の減価率です。先ほどの想定賃料利回り5％から2・2％の減価率を引いた2・8％が、この場合の住宅資産のリターンとなります。

もちろんこれは土地や住宅建物の市場価格の変化をフラットとした場合の計算です。過去10年ほど日本の大都市部のマンションは価格が高騰し、価格高騰と賃料を合計したリターンはもっと高くなっています。ところが、戸建て木造住宅の市場価格は横ばいに近く、近年ようやく少し上昇の兆しが出てきた程度に過ぎません。

戸建て木造住宅の2・8％という資産リターンは、既に見た内外の株価指数連動の投資信託（インデックス・スファンド）に投資した場合の長期の期待リターンに比べるとかなり低い水準です。つまり、**長期的にはより高いリターンが期待できる株式インデックス・ファンドの運用を途中で中断して住宅投資に充当するのは、リターンの観点からは合理的とは言い難い**のです。

また、住宅ローンの金利については、変動型と固定型があります。変動金利は短期プライムレート（金融機関が企業に融資する際の最優遇金利）と連動していて、将来短期プライムレートが上昇すると適用される金利も上がり、利払いの額が増加します。一方、固定金利は通常、金利が固定される期間を選択できますが、ここではローンの全期間にわたって金利が固定される場合を考えましょう。

一般に変動金利は固定金利より低く、変動金利を選ぶ人のほうが多いと言われます。ちなみにある程度の金利優遇が受けられれば、現在の変動金利は1％未満です。しかし、日本もデフレやゼロインフレの時代は終わり、物価上昇率（インフレ率）が上がってきました。変動金利の債務者は将来の金利上昇リスクの代償として今は低い金利を享受していることを認識してください。

住宅ローンの固定金利の水準として、「フラット35」という全国300以上の金融機関が住宅金融支援機構と提携して扱う「全期間固定金利型住宅ローン」の水準を見ると、25年間固定では融資の90％超が2・22～3・53％の範囲で、最も多い適用金利は2・22％になっています（2023年3月時点）。そこで、ここでの試算は期間25年の固定金利を2・3％として計算してみましょう。

さて、以上の住宅資産のリターンと借入金利を前提に、25年間の資産形成で実際にどの程度の違いが生じるか試算してみました。それが図表3－12です。

ケースAでは運用中の金融資産1000万円全額を取り崩して頭金にし、住宅ローンは2500万円です。ケースBは取り崩しを500万円のみとしてこれを頭金にし、住宅ローンは3000万円です。ケースBでは、残り500万円はそのまま運用を継続します（期待リターン8％）。

ケースAの毎月の元利金支払額は、ケースBより2万2000円少なくなるので、この分をやはりつみたてNISAで積立運用するとしましょう。ケースA、Bともに運用リターンは8%、リスク17%、モンテカルロ法でシミュレーションした中央値（分布の中間）の結果をとります。またイデコでの運用は、A、B双方のケースとも毎月6万8000円の運用を継続しますので、この面での違いは生じません。ただしイデコでの運用は、自営業者の場合は、原則60歳までです。

25年後の65歳時の資産額は、住宅ローンを500万円増やしても、500万円の運用を継続したケースBのほうが837万円多い結果になります。それでは1000万円の運用を継続し、頭金なしで全額ローンで購入するのがよいかというと、そうでもありません。

購入住宅価格に対して頭金なしでローン金額が100%の場合は、貸し手の金融機関から見れば信用リスクの高いローンになりますから、貸出金利は高めに設定されるのが一般的です。ですから、金利の優遇を受けられる程度の頭金はやはり必要と考えるべきでしょう。

なお、単純な累乗計算の場合、500万円の運用は25年間、8%複利で計算すると3424万円（＝500万円×1・08の25乗）になりますが、図表3－12では2557万円と小さめの結果になっている点にご留意ください。リスクゼロの確定利回りの複利計算と、リスクを想定した将来の確率分布の推計の中央値は、同じ結果にはなりません。

図表3-12　65歳時の期待資産額の試算

3,500万円の住宅の購入		40歳住宅購入時の資産額（万円）	65歳引退時の資産額（万円）	
ケースA：1,000万円全額頭金に充当	金融資産 つみたてNISA	0	1,720	月額2.2万円の積立て
	金融資産 イデコ（60歳まで運用）	0	3,456	月額6.8万円の積立て
	住宅資産	3,500	2,000	建物減価 年率7.5%
	負債 住宅ローン	▲2,500	0	金利2.27%
	純資産	1,000	**7,176**	b
ケースB：500万円のみ頭金、500万円運用継続	金融資産 NISA	500	2,557	500万円の運用継続
	金融資産 イデコ（60歳まで運用）	0	3,456	月額6.8万円の積立て
	住宅資産（土地と建物50%ずつ）	3,500	2,000	建物減価 年率7.5%
	負債 住宅ローン	▲3,000	0	金利2.27%
	純資産	1,000	**8,013**	a
住宅ローン金利の想定	2.3%		**837**	＝a－b
25年間2,500万円 元利均等払い 年間支払額	131.6万円		**643**	住宅金利3.3%の場合
25年間3,000万円 元利均等払い 年間支払い額	157.9万円		**1,031**	住宅金利1.3%の場合
年間差額	26.3万円			
月間差額	2.2万円			
運用リターンの想定	8.0%			

注：つみたてNISAとイデコの運用結果は、リスク17%、リターン8%の想定でモンテカルロ法で計算した中央値。▲はマイナス

補足すると、借入金利が2・3％ではなく、1ポイント低い1・3％の場合は、借入額の大きいケースAのほうが借入額の小さいケースBよりも有利な度合いが増し、双方の資産格差は1000万円余に少し拡大します。逆に借入金利が1ポイント高い3・3％の場合には、資産格差は600万円台に、少し縮小します。ローン金利が低いほど借入額を大きめにすることで、資産形成のリターンの面では有利になるとご理解ください。

以上をまとめると、**持ち家を保有すること自体は、**ローン返済を終えて引退した後の生活費の支出が賃貸のまま一生暮らすケースに比べて大きく減りますので、**将来の生活の安定に資するものです。**しかしながら、日本の住宅資産のリターン（特に木造戸建て住宅）は戦後から1980年代までとは異なり、今後も低い状態が継続すると見込まれるので、**住宅以外の資産形成を困難にするほどの所得対比での高額物件の購入は、あなたの資産形成にとってマイナスでしょう。**

Cさんのケースについて言うならば、住宅ローンの元利返済をした後でも月間5万円程度の長期積立投資をイデコ、ないしはつみたてNISAで継続できる範囲の物件購入に抑えるのがよいだろうと思います。ただ、ここでは、期待平均年収700万円、購入住宅価格3500万円と想定しましたが、準富裕層以上の場合は、所得も住宅価格も2倍程度になるでしょう。その場合は、どれだけ資産運用を継続するかしないかによって生じる将来の期待資産格差も2倍になると考えることができます。

住宅ローン減税のメリットも利用できる

資産形成中の資金をやみくもに取り崩して住宅ローンの金額を小さくしたり、早期返済をしたりするよりは、相応の規模の住宅ローンを借りて、資産運用を継続することのメリットとして、もうひとつ無視できないのが住宅ローンの税控除のメリットです。

２０２２年の税制改正では、控除額と控除期間も変更されました。以前は控除率１％、控除期間10年間（特例措置で13年間）でしたが、２０２２年以降に住宅ローン控除が適用される方は、控除率０・７％、控除期間13年間（既存住宅および増改築は10年間）です。

わかりやすくもっと大雑把に言うと、住宅の種類、借入開始年次、借入額によってやや違いますが、新築住宅の場合、年間24万５０００円から35万円、13年間の総額では３１８万５０００円から４５５万円の税控除を受けることができ、確定申告をすることで支払った税金が還付されます。また適用金額は小さくなりますが、既存住宅の場合にも利用できるので、住宅ローンを借りる時には金融機関に相談して、適用される控除額を計算してもらうとよいでしょう。

4 共働き夫婦のライフプラン

会社員共働き夫婦45歳（現在世帯年収1500万円）のケース
預貯金は1000万円――これから資産運用を始めたい

夫婦とも会社員で共働きのケースを考えましょう。厚労省「令和2年版厚生労働白書」によると、1989年の共働き世帯は42・3％で、専業主婦世帯のほうが多かったのですが、1990年代に拮抗したのち逆転し、2019年には共働き世帯は66・2％（1245万世帯）と、専業主婦世帯（582万世帯）よりも多くなりました。

モデル世帯である「夫が40年間会社員で妻は専業主婦」の年金の給付水準をベースにしたマネープランと、ダブルインカム世帯では、考え方は大きく変わります。共働きのDさんご夫婦（ともに1978年生まれの45歳）のマネープランを例に考えてみましょう。

夫は大学卒業後23歳で就職し、60歳で定年退職後は再雇用で70歳まで働くとしましょう。生涯の平均年収は1100万円と比較的高いため、年金見込み受給額も高くなります。65歳以降70歳までの期間は、報酬と老齢厚生年金の合計額が一定額を上回る時、その合計額に応じて老

図表3-13　会社員共働き夫婦45歳（現在世帯年収1,500万円）のケース

夫：1978年（昭和53年）生まれ
23歳～69歳第2号被保険者（会社員）　期待平均年収1,100万円
妻：1978年（昭和53年）生まれ
23～64歳　第2号被保険者（会社員）　期待平均年収400万円
公的年金の想定と見込み受給額
夫：70歳から受給開始　年額316万円　税引き後の手取り267万円
妻：70歳から受給開始　年額239万円　税引き後の手取り206万円

出所：筆者の想定にもとづき、公的年金シミュレーター（厚生労働省）で試算、手取りは筆者が試算

齢厚生年金の全部または一部の支給が停止される仕組み（在職老齢年金）があるため、年金見込み受給額は年額84万円、70歳以降は年額316万円です。70歳以降の税金・社会保険料控除後の手取り額は年額約267万円です。このケースでは、70歳以降の税・社会保険料額の計算は、「公的年金シミュレーター」で試算できないため、筆者が試算しています。

妻は、大学卒業後、23歳で就職し64歳まで正社員で働き、生涯の期待平均年収は400万円としましょう。65歳から年金受給を開始した場合の年金見込み受給額は年間168万円ですが、5年間年金を受給しないで繰り下げることによって239万円になります。手取り額は約206万円です。夫婦で合計すると年額約473万円、月額約39万4000円です。

年金モデル世帯（夫婦シングルインカムの想定）の2022年度の年金額は月額21万9593円（平均標準

報酬43万9000円で40年間就業した場合に受け取り始める老齢厚生年金と2人分の老齢基礎年金）、2023年度は、前年度より4889円増えて22万4482円ですので、これに比べてかなりゆとりがあることがわかります。共働きによるダブルインカムならではの余裕です。

厚生年金の保険料は賃金に比例しているため、賃金額が同額であれば男女の差はなく、保険料も受給額も同額になります。年収が高いほど、また加入期間が長いほどより多く年金を受け取れます。引退後の安定のためには、**夫婦ともに厚生年金に加入して働くことが一番**です。

リタイア後のマネープランの選択肢を増やす繰下げ受給

これまで何度も出てきた、長く働いて年金の受給開始時期を繰り下げる（遅らせる）ことで生涯もらえる年金額を増やすことができる「繰下げ受給」について、改めて見てみましょう。

公的年金の支給開始は原則65歳ですが、希望すれば受給開始時期を自分で選ぶことができます。以前は「60歳から70歳まで」の間で選べましたが、制度改正で2022年4月から繰下げ受給の上限年齢を5歳引き上げて「60歳から75歳まで」に広げました。**年金額は、受給開始を1カ月繰り上げるごとに0・4％減り、逆に1カ月繰り下げるごとに0・7％増えます。繰上げは基礎年金（国民年金）と厚生年金を同時に行わなければなりませんが、繰下げはそれぞれ別々に行うことができます。**

厚労省の２０１９年度「厚生年金保険・国民年金事業年報」によると、繰上げ受給をしている人は、国民年金が12・４％、厚生年金が０・４％。逆に繰下げ受給をしている人は、国民年金１・５％、厚生年金０・９％です。年金の繰下げは以前より知られるようになってきましたが、実際に行っている人はまだ少数です。

終身受け取ることができる公的年金は、国民が保険料を出し合って長生きリスクに備える「保険」ですので、「損得」で考えるものではありません。しかし、繰下げ受給の効果を見るためにあえて計算すると、受給開始を上限の75歳になるまで遅らせた場合、年金額は「１２０カ月（10年間）×０・７％＝84％」も増額になります。

そこで「繰下げ期間中、受給できなかった分を取り戻すにはどれくらいの期間がかかるか」という「損益分岐点」を計算してみます。本来の年金月額を1とすると、受給開始をXカ月遅らせた場合に受給できなかった分の年金額はXとなります。受給開始後に受け取る年金の増額分と受給できなかった分（X）が同額になるのが損益分岐点です。受給開始からその損益分岐点に達するまでの月数を「Y」とすると、受給開始後に受け取る年金額の増分は以下の通りになります。したがって、損益分岐点を求めるためには、以下の関係式を解けばよいことになります。

繰下げで受給できなかった年金額　：X
受給開始後に受け取る年金額の増加分：（X×0・7％）×Y
損益分岐点を求める関係式　：X＝（X×0・7％）×Y
Y＝1／0・7％＝142・8カ月（約12年）

繰り下げた場合、受給開始から約12年後に、65歳から受け取った場合の本来の年金総額を追い抜きます。70歳まで繰り下げれば82歳、さらに上限の75歳まで繰り下げると87歳です。それより長生きすれば、本来より年金を多く受給できます。

2020年の厚労省の簡易生命表によると、65歳の「平均余命」は男性20・05年、女性24・91年ですので、平均的に男性は85歳まで、女性は90歳まで生きると考えられます。87歳はこれにほぼ見合う年齢です。老後の生活費が公的年金だけではカバーできない場合、長生きするほど資産は減るため、月々の年金額が増えれば生活は安定します。特に長生きした場合、増額された年金額が一生もらえるメリットは大きなものになります。

また、例えば繰下げ待機期間（年金を受け取っていない期間）中に体調を崩してまとまったお金が必要になったりすることもあるでしょう。その場合は選択肢が2つあります。

ひとつは「繰下げ受給を始める」です。仮に71歳で受け取り始める場合は、65歳から6年間

（72月）繰り下げたことになり、50・4％増額された年金を71歳から受け取り始めます。もうひとつは「繰下げ受給をしないで遡って一時金で受け取る」です。この場合は66歳の時点で繰下げ受給の申請があったとみなし、65歳から1年間（12月）繰り下げたこととされ、特例的な繰下げみなし増額がつきます。8・4％増額された年金を71歳までの5年分一括して受け取れ、71歳からは8・4％増額された年金を生涯にわたって受給できます。

年金を受け取る権利には5年の時効があります。この場合、5年前の66歳までは遡れますが65歳から66歳までの1年分は消滅してしまいます。これを救済するために1年繰下げ待機をしたとみなし、増額分で補塡するようにしたものです。

この例で試算すると、78歳を過ぎれば65歳から普通に年金受給を始めた場合の総額を上回ります。繰下げ受給は「長生きリスク」に有効な手段と言えますが、急にお金が必要になる事態を考えると踏み切れない人もいるかもしれません。いざという時の対応策を把握しておけば、老後の資金計画について選択の幅が広がります。

夫婦の場合の公的年金の繰下げパターン

夫婦で老後を送る場合、公的年金の繰下げ受給についていくつかのパターンを考えてみましょう。夫婦がともに「100歳まで生きる」とした場合、①夫婦ともに65歳から年金受給を開始する、②夫（妻）のみ70歳まで基礎年金を繰り下げる、③夫婦ともに基礎年金は65歳から受給、夫（妻）は厚生年金を70歳まで繰り下げる、④夫婦ともに年金受給を70歳まで繰り下げる――の4つについて試算してみます。

図表3－14を見てください。

ここではDさん夫婦のケースを使い、夫婦ともに65歳になるまで働き、70歳から年金受給をするとし、70歳まで繰り下げている期間は厚生年金に加入しないことを前提としました。本来の年金額は夫282万円、妻168万円とします。図表から、繰下げ受給をすることによって、受給総額を見るとかなり余裕のある老後生活を過ごせることがわかります。しかし年金受給がない期間は、働いて収入を得るか、あるいは資産を取り崩すことになるので、この期間のマネープランを考える必要があります。

また老齢厚生年金には、生計を維持する配偶者らがいる場合、一定条件を満たせば受け取ることができる「加給年金」があります。年金版の「家族手当」にあたる制度で、年下の配偶者がいればその配偶者が65歳になるまで年約39万5000円（令和5年4月）を受け取れます。しかし老齢厚生年金の受給を繰り下げている間は、この加給年金が受け取れません。加給年金を受け取り、繰下げ効果も得たい時には、老齢基礎年金だけを繰り下げるという方法もあります。

図表3-14　100歳まで生きる場合の公的年金の受給額

（万円）

	夫婦の年金合計受給額	夫の合計受給額	妻の合計受給額	100歳までの月額受給額	
				65歳~69歳	70歳～
①夫婦ともに65歳から年金受給を開始する	14,340	8,460	5,880	40.3	40.3
②夫のみ70歳まで基礎年金を繰り下げる	16,290	10,410	5,880	31.5	40
妻のみ70歳まで基礎年金を繰り下げる	16,290	9,870	6,420	31.5	40
③夫婦ともに基礎年金は65歳から受給、夫のみ厚生年金を70歳まで繰り下げる	17,346	11,466	5,880	20	44.8
夫婦ともに基礎年金は65歳から受給、妻のみ厚生年金を70歳まで繰り下げる	16,480	9,870	6,610	29.5	40.9
④夫婦ともに年金受給を70歳まで繰り下げる	19,200	12,030	7,170	0	53.3

計算前提：就労年齢は共に23～64歳・本来の年金額を夫は282万円（基礎年金72万円・厚生年金210万円）妻168万円（基礎年金72万円・厚生年金96万円）として計算、64歳でリタイアした場合を想定。70歳まで繰り下げている期間は厚生年金に加入しない
出所：筆者作成

なお、前述したように、繰下げは一度だけ「やり直し」ができます。繰り下げている間に病気になるなどして急に資金が必要になったような場合、「遡って一括で受け取る」ことができます。体調や状況に合わせて年金を受け取る時期を決めるとよいでしょう。このあたりのマネープランは、筆者（岩城）のようなアドバイザーとしても提案のしどころです。具体的には第4章で、運用しながら私的年金等を取り崩すケースや

働いて得る収入があるケースなどを組み合わせて、いくつか解説します。

将来の年金受給額は減るのか

ここで少し難しい話になりますが、相談を受ける際に聞かれることが多い「将来年金額はどのくらい減ることになるのか」という年金の給付水準の見通しについて説明します。年金を受け取る権利（受給権）は、「65歳になる誕生日の前日」に発生し、その翌月から受給できます。ただし、受給権が発生しても自動的に受け取れるわけではなく、受け取るためには年金の請求手続き（裁定請求）が必要です。

年金額は、経済や社会の変化に応じて、決まったルールに従い、年度ごとに改定しています。ルールは、「本来のルール」と「マクロ経済スライド」の2つがあります。

本来のルールは、賃金（名目）や物価（消費者物価指数）の水準が変動しても、実質的な年金水準が変わらないようにするものです。原則として、67歳以下の人は賃金、68歳以上の人は物価の変動率に応じて改定します。賃金の変動率が物価の変動率を下回る場合は68歳以上の人も賃金に応じて改定する特例の適用が続いていましたが、2023年度は原則通りになりました。

マクロ経済スライドは、少子高齢化に合わせ、年金の給付水準を自動調整する仕組みです。

年金の支え手である現役世代が減り、受け取る引退世代が長寿化すると、年金財政は悪化します。そこで、**現役世代人口と平均余命の変動を加味した「スライド調整率」を、本来ルールで決めた改定率から差し引くものです**。調整しきれなかった分は、前年の年金額を下回らないように、翌年度以降に繰り越されます（マクロ経済スライドの未調整分といいます）。これらの仕組みで、現在の高齢世代に配慮しつつゆるやかに年金の給付水準を調整することで、将来世代の年金の給付水準を確保することにつながります。

この２つのルールに従って、２０２３年度は、67歳以下の賃金変動率２・８％、68歳以上は物価変動率２・５％に従って改定され、スライド調整率０・３％とマクロ経済スライドの未調整分０・３％が差し引かれ、改定率は、67歳以下はプラス２・２％、68歳以上はプラス１・９％となりました。増額ではありますが、物価変動率２・５％を下回り、実質目減りと言えます。

２０２３年度の老齢基礎年金の満額は、67歳以下が年額79万５０００円、68歳以上は同79万２６００円です。また、平均的収入（平均標準報酬〈賞与含む月額換算〉43万９０００円）で40年間働いた夫と専業主婦からなる標準モデル夫婦の年金額は、67歳以下は年額２６９万３７８４円、68歳以上は同２６８万５５２２円です。

では、今後の年金水準はどうなるでしょうか。年金受給額が減ってしまうと心配する人は多いようですが、実質年金額は減るとは限りません。**財政検証では、年金の給付水準を「所得代替率」で考えます。**

所得代替率とは、その時の現役世代の男子の手取り収入額に対するモデル年金の額の割合です。「その時の現役世代と比べてどのくらい買い物ができるか」という豊かさの度合いと考えてください。通常、年金額は賃金の伸びに応じて改定されるので所得代替率は一定になりますが、マクロ経済スライドによる調整期間中は、年金額が賃金の伸びよりも低い伸びで改定されるので、所得代替率は低下します。

２０１９年の財政検証ケースⅢ（実質経済長率０・４％）の所得代替率は、（夫婦２人の基礎年金13万円＋夫の厚生年金９万円）／現役男子の平均手取り収入35・７万円＝61・７％でした。**このケースでは、マクロ経済スライドによる調整は、厚生年金は２０２５年度に、基礎年金は２０４７年度に終了し、それ以降は所得代替率50・８％が維持されるとしています。**

夫婦の実質年金額（物価上昇率を割り引いた実質額）で見ると、２０１９年は22万円ですが、２０４７年は24万円とむしろ増えていて、その後も増えます（年金額は、67歳以下の新規に年金を受け取る人の金額です）。ただし所得代替率は２０１９年度より約２割下がっているので、現役世代と比較した「豊かさの度合い」で考えれば、やや低下することになります。老後も「現役時代と変わらない豊かさ」を求めるなら、それまでに積み上げた金融資産を取り崩すことになり、そのための老後設計が必要になります。もちろんこの試算は、予想される経済情勢にもとづいた見込みであり、必ずこうなるということではありません。

少子高齢化が進むなか、年金財政は厳しくなっていますが、年金制度には、将来にわたって制度を持続していく対策が既にきちんと組み込まれていること、また5年ごとに財政検証が実施され、それに基づく年金制度改正が行われていることは既に述べました。過度に恐れず、年金制度を正しく理解することが重要です。

期初一括投資も併用した定額積立投資のリターン

「共働き」というと、昭和世代の感覚では「夫の所得だけでは足りないので」というイメージがありました。ところが今日の夫婦ダブルインカム家庭は、むしろ中上位所得層の代表的なケースであり、とりわけ夫婦双方とも大卒で上場企業に勤務しているような場合は、40歳前後で年間所得1500万～2000万円の準富裕層、富裕層を形成しています。大都市部で7000万～8000万円の新築マンションを購入する人もこの層が多いのです。

図表3－13（143ページ）の公的年金見込み受給額の試算は、夫は70歳まで働き、妻は70歳まで繰下げて受給額を増額した場合ですが、夫婦合計で年額555万円、さらに大企業などでは期間10年程度の有期ながら確定給付型の企業年金が加わるので、特段の資産形成など不要

だろうという感じすらします。

しかし本当に70歳まで働けるかどうかは、従事している事業や職種、本人の健康状態に依存します。病気や怪我で働けなくなるリスクなども考えると、相応の金融資産を持っていないと不安だと感じる人は、こうした所得層にも少なくないようです。

ここではダブルインカムでやってきた夫婦、貯蓄は1000万円ありますが、これまでは仕事と育児で多忙を極め、人生の資産形成など考える暇もなく、45歳になった例を考えましょう。仕事は何かしらのプロフェッショナルな業務で、70歳まで働く気持ちはありますが、とりあえず65歳までにいつ引退しても安心できるだけの資産を持ちたいと考えているとします。

65歳の時点でさらに5年働けそうと判断したら、65歳時の資産残高を取り崩さずにさらに5年間運用するとしましょう。また公的年金に加え、確定給付型の企業年金に入っていますが、これは自分で操作できる資産ではないので、ここでの試算からは外します。

このケースの強みは、何といっても夫婦合計の所得水準の高さと、既に一定額の貯蓄残高があることでしょう。その場合は、今ある1000万円のうち、不測の事態への備えとして保有する分を除いて一括投資し、あとは毎月の余裕資金からつみたてNISAに投資するのが資産形成として効率的でしょう。

繰り返しになりますが、デフレ、あるいはゼロインフレの時代が終わり、今や消費者物価指数が前年比で3％以上も上昇するようになりました。もちろん現在の日本の物価上昇は、ロシアによるウクライナ軍事侵攻を契機にした国際エネルギー価格や食糧価格の上昇という海外要因も働いています。今後趨勢的に日本に定着するインフレ率がどの程度になるかは不確実な面がありますが、日本銀行が金融政策で目標とする2％程度のインフレ率が継続する場合、ゼロ金利の預貯金で例えば1000万円も資金を置いておくことは、毎年20万円の実質価値が減少する金融資産を保有していることになります。

既に述べた通り、2024年から開始される新NISAでは「成長投資枠」と言われる枠で年間最大240万円まで一括投資が可能であり、「つみたて投資枠」は年間120万円です。そこで240万円を成長投資枠で株価指数連動の投信に一括投資し、年間78万円（月額6万5000円）をつみたて投資枠で積立投資にまわすとしましょう。20年間の合計は、これで新NISAの投資元本上限の1800万円（＝240万円＋78万円×20）になります。

65歳時点と70歳時点の期待金融資産額を図表3－15に掲載しました。65歳で新NISAの非課税となる投資枠（元本累計1800万円）は使い切りますが、その後も月額6万5000円の積立投資を継続した場合の結果（税引き前）です。ただしその5年間は有税での投資になります。

図表3-15　Dさんの将来の資産シミュレーション

投資期間	20～25年	
期初投資額	240万円	
月間投資額	6.5万円	
累積投資額	1,800～2,190万円	
想定年率リターン	8.0%	
想定リスク	17.0%	
20年後（満65歳）の資産時価総額（万円）		累積投資額に対する倍率
平均期待資産額	5,020	2.8
分布の上位10%	8,775	4.9
分布の上位20%	6,761	3.8
分布の中央値	4,207	2.3
分布の下位20%	2,687	1.5
分布の下位10%	2,151	1.2
25年後（満70歳）の資産時価総額（万円）		累積投資額に対する倍率
平均期待資産額	7,971	3.6
分布の上位10%	14,653	6.7
分布の上位20%	10,904	5.0
分布の中央値	6,349	2.9
分布の下位20%	3,821	1.7
分布の下位10%	2,976	1.4

出所：「FIWAつみたてインディくん」で計算・出力

5 親子で考える資産形成

53歳会社員父と24歳会社員娘親子のＮＩＳＡ利用法

新ＮＩＳＡ制度の基本「つみたて投資枠」「成長投資枠」の考え方

会社員のＥさん（53歳）は、老後資金の準備を本格的に進めたいと考えています。Ｅさんの娘Ｅ子さん（24歳）も資産運用を始めるつもりです。２０２４年から大幅拡充されることになった少額投資非課税制度、新ＮＩＳＡをどう活用するかを考えてみましょう。

まず、これから資産運用を始めるＥ子さんは入社２年目で収入は多くありません。しかし実家暮らしのため、投資資金にはややゆとりがあります。はじめての資産運用は、個人型確定拠出年金のイデコで２万円、つみたてＮＩＳＡで３万円ずつを毎月積み立てるプランなら、無理なく実行できそうだとわかりました。

投資対象は「長期・積立・分散投資」という考え方から、全世界株式に広く分散投資をしていきます。考え方は本章の第１節「20歳代向けの資産形成プラン」で説明しました。ＮＩＳＡでの投資額は年間36万円で、つみたて投資枠で積み立てます。毎月の積立額が変わらなけれ

図表3-16　53歳会社員父と24歳会社員娘親子のケース

父：1970年（昭和45年）生まれ
23歳～64歳　第2号被保険者（会社員）　期待平均年収900万円
娘：1999年（平成11年）生まれ
22歳～69歳　第2号被保険者（会社員）　期待平均年収800万円
公的年金の想定と見込み受給額
父：65歳から受給開始　年額279万円　税引き後手取り238万円
妻：65歳から受給開始　年額100万円　税引き後手取り86万円
娘：70歳から受給開始　年額325万円　税引き後手取り273万円

出所：筆者の想定にもとづき、公的年金シミュレーター（厚労省）で計算

ば、生涯非課税限度額１８００万円÷36万円＝50年間の投資ができる計算です。

将来、資金に余裕ができれば、毎月の積立額を増やせばいいでしょう。年間投資額がつみたて投資枠の上限１２０万円を超えるのなら、さらに成長投資枠を使って、同じ商品を積立投資することもできます。Ｅ子さんには今後、結婚や出産など、様々なライフイベントが考えられます。住宅購入や子供の教育など、資金が必要な場面では、ＮＩＳＡ口座から資金を取り崩すことができます。

通常、株式や投信の運用益には一律約20％の所得税・住民税（復興特別所得税を含まず）がかかりますが、ＮＩＳＡ口座では非課税です。例えば運用益が１００万円の場合、約20万円の税金が引かれるかどうかは大きな差になります。

資金を取り崩す場合、生涯非課税限度額１８００万

円は買い付け残高で管理します。例えば買い付け額が100万円で、50万円の値上がり益が出て150万円を取り崩す場合は、買い付け時の100万円分の投資枠が翌年に復活します。ただし年間投資枠は360万円を超えることはできません。

新NISAの「成長投資枠」で引退後に備えた資産形成を加速

次に父親のEさんです。これまでも確定拠出年金（DC）で毎月積立投資をしてきましたが、娘が社会人となって、学費負担がなくなり、また住宅ローンの返済が終わったので、ボーナス時にまとまった金額を資産形成にまわすことができるようになりました。そこで引退後に向けた資産形成をもっと積極的に進めたいと考えています。

投資の基本的な考え方は年齢によって変わるわけではなく、「長期・分散」によって合理的に行うことができますが、新NISAの年間つみたて投資枠は120万円です。その金額を超えて投資したい場合にはどうしたらよいでしょうか。

そこで利用できるのが新しいNISAの「成長投資枠」です。これは余裕資金がある時に積立投資に上乗せして一括投資できる「キャッチアップ枠」とも呼ばれます（もちろんこの枠で積立投資額を増やすこともできます）。資金にゆとりができた場合、引退後の資産形成を加速するのに使えます。投資対象は個別株やアクティブ・ファンドが含まれますが、①投信の信託期間が20年以上であること、②毎月分配型は除外、③高レバレッジ型などデリバティブ型は除外――など規制がかけられます。

ここで参考になるのが「コア・サテライト戦略」という考え方でしょう。コア・サテライト戦略とは、資金を「コア（中核）」と「サテライト（衛星）」に分け、コア部分は長期で安定運用し、サテライト部分は高リターンを求めて積極運用する方法です。

ＦＩＷＡ理事長・岡本和久氏の著書『１００歳までの長期投資　コア・サテライト戦略のすすめ』（日本経済新聞出版、２００７年）でも、この考え方は「年金資産の運用で広まった方法ですが、個人投資家にとっても非常に有益であり、また活用できるもの」として、次のように語られています。

「コア・ポートフォリオでは、投資家それぞれのライフプラン、ライフステージや資産の額などに基づいた『戦略的』なアセットアロケーションを組み、購買力の維持や生活基盤を確保することを目的とします」（抜粋引用）。そのため、株価指数連動型投信を使って全世界の株式に分散投資し、「守り」の運用をします。また「サテライト・ポートフォリオは、リターンを向上するための『攻め』を目的とし」（抜粋引用）、市場環境によってアクティブ・ファンドや個別銘柄などを選び、積極的に投資をします。

このサテライト・ポートフォリオに成長投資枠の利用が考えられます。人生１００年時代となり、長寿化が進んで個人のライフプランも多様化しています。デフレ、あるいはゼロインフレ時代が終わり、多くの人にとって資産運用の必要性が高まっているなか、新しいＮＩＳＡを使いこなす資産形成は必須です。

そこで次に、長期の積立投資ではなく、50歳を過ぎてまとまった資金が手に入った時に注意すべき点を取り上げましょう。

一括投資、高値づかみ回避のポイント

50歳代から60歳代でよくあるケースが、これまで貯蓄は預貯金一辺倒で、それが貯まると住宅ローンの早期返済に充当してきたので、株式や投資信託などリスク性資産に投資した経験がほとんどない人です。そうした人は退職一時金としてまとまった資金を受け取ってはじめて「資産運用」を考えることになります。

こうした人が運悪く金融機関（証券、銀行、生保）の営業スタッフに相談して、手数料が高いばかりでリスク・リターンの非常に悪い運用商品を購入する例が後を絶ちません。手数料は投信の販売手数料と信託報酬のように開示されているものがすべてではなく、「仕組債」のように顧客に開示されていない部分で高率の手数料が盛り込まれているものもあります。

引退しなくても長年勤務していた企業から別会社に転職、あるいは出向・移籍する場合にも、

退職一時金の受け取りが生じます。例えば2000万円を一時金として受け取った場合、新NISAつみたて投資枠で毎年120万円ずつ積立投資するのでは、運用されない資金残高が大きくなりすぎて、資産形成として非常に非効率になります。さりとて一気に株式投信に一括投資するのは、市況次第ではリスクが高いでしょう。

例えば2008年のリーマンショック前年の2007年に内外株価指数に連動する投信に一括投資した場合は、結果的に高値圏で一括投資したことになり、その後のリターンは長期でもかなり悪くなります。こうした場合は、3年程度の期間で集中的な積立投資をすることでタイミングのリスクを平準化することが適合的でしょう。投資のタイミング・リスクを分散するために必要な時間として、1年では短すぎます。しかし10年では投資されない時間と資金残高が大きくなりすぎて、リターンの犠牲が大きくなりすぎます。

それがどの程度の違いをもたらすか、実際のケースで示したのが図表3－17です。上段は2006年10月末に1800万円を米国株価指数連動投信、あるいは日経平均株価指数連動投信に一括投資した場合、下段は1800万円を3年間36回に分けて毎月末積立投資した場合です。ただし後者の場合の年間積立額は600万円で新NISAの上限を超えていますから、有税での投資になります。

一括投資の場合、2008年のリーマンショック後の2009年9月末時点の投資額に対す

図表3-17　1,800万円の投資でどんな違いが生まれたか?

投資額1,800万円	投資対象	2009年9月末 時価総額 （万円）	時価資産額 ／投資額	2013年9月末 時価総額 （万円）	時価資産額 ／投資額
2006年10月末 一括投資	米国株価指数連動投信	1,162	0.65	2,183	1.21
	日経平均株価指数連動投信	1,169	0.65	1,760	0.98
2006年10月末から 2009年9月まで 積立投資	米国株価指数連動投信	1,440	0.80	2,704	1.50
	日経平均株価指数連動投信	1,499	0.83	2,190	1.22

出所：「FIWAつみたてインディくん」で計算・出力

る時価資産額の比率は米国株、日本株とも6割台で、約35％の元本割れ（評価損）となっています。一方で3年間の積立投資を行った場合は、同比率は8割台で、元本割れは米国株、日本株とも20％以内に収まっています。積立投資のほうは、この2009年9月で投資を終了し、後の追加投資はなくなります。

そこから4年後の2013年9月時点では、3年間で積立投資したケースは、米国株が約50％、日本株も22％の評価益に転じています。一方、一括投資したケースでは、米国株の評価益は21％、日本株はまだ約2％の評価損状態です。

もちろんこれは、リーマンショックという米国の戦後最大の金融危機に遭遇した場合の個別ケースであり、常に分割投資が一括投資に勝るわけではありません。ほぼ一本調子の株価上昇が中期的に継続した場合には、一括投資のほうがリターンは高くなります。

しかし株式相場の先行きは、「投資のプロ」であっても、3年先はおろか、1年先でもわからないのが現実なのです。そうした短期・中期の常に不確実な市場で投資のタイミング・リスクを回避するためには、大きな金額を投資する場合だからこそ、ある程度の期間をまたいだ分割投資がリスク低減のために欠かせない、とご理解ください。

第4章 100歳まで安心のマネープランをアドバイス——引退前から引退後の資産運用

1 退職前5～10年間はリタイアメントプラン実行の大切な時期

退職後に必要な生活資金は少なくはない

「引退後もできるだけ今のライフスタイルは維持したい」と思う人は多いでしょう。退職前5～10年間は自身のリタイアメントプランを考え、その実現をお金の面から支えるマネープラン（資金計画）をつくるための重要な時期です。定年までに何ができるのかを考えましょう。

「人生100年時代」と言われる今日、相談に訪れる人の多くもやはり「100歳までのマネープランづくり」を希望されます。十分貯蓄ができているように思えても、年に何度かは旅行に行きたいなど楽しみの多いライフスタイルを望む場合や、退職年齢が若すぎる場合などは、

80歳代半ばで資金が底をついてしまうケースも少なくありません。

引退後に自分の望むライフスタイルを送るためには、今後いくら老後資金を確保しておくべきか、その目標を達成するためには今後毎月どれくらい投資・貯蓄すればよいのか、これを考えて実行する必要があります。

もし住宅ローンが残っている場合には、どう対応したらよいでしょうか。第3章で、現役時代にはリスク性資産のリターンに比べてずっと低利の住宅ローンの返済は、急がないほうが資産全体のリターンが高くなり有利だと述べました。ただし、それは家計全体の資産・負債・純資産（バランスシート）のリスクをある程度高めることを代償にしたリターンであるという点を思い出してください。

引退後の生活費は退職金とこれまで積み上げた金融資産のみに依存することを考えると、家計全体のバランスシートのリスクを低下させる観点からは、会社の退職制度も踏まえて、早めにローンを完済する計画を立てることも重要です。

引退後の資金をどの程度確保しておくべきなのかは、自分の望むライフスタイル、退職する年齢、公的年金の受給額、企業年金等の収入源の有無などによって人それぞれです。しかし、ほとんどの人にとって老後資金はある程度大きな金額になりますので、長期で計画的に準備することが必要です。

まず考えたいのは、引退後の生活費をいくらに設定するかです。持ち家がある場合は、引退後の生活費は「現在の75～85％」とみる人が多いようです。退職しても税金や社会保険料はかかりますし、生活レベルもそう極端に下げられるものではありません。交通費や仕事用の衣類などの費用は減りそうですが、自由に使えるお金を減らしたくないと希望する人も多いので、今後、物価高が進めばこうした費用の削減効果も限定的かもしれません。

引退まで資産運用はどうする？――会社員Fさん（55歳）のリタイアメントプラン

60歳の定年を前にした会社員のFさん（55歳）のリタイアメントプランについて考えましょう。Fさんは定年後、年収は大きく減りますが、65歳まで再雇用で働くことができますので、引退までは約9年あります。

まずFさん夫婦の年金額をチェックしましょう。Fさんは大学卒業後、23歳から会社員として65歳まで平均年収1200万円で働き、65歳から年金を受け取る予定です。年金見込み受給額は年間約282万円です。一方、妻は20歳から国民年金保険料を納め、大学卒業後に就職して29歳まで働きました。その間の平均年収は280万円です。その後は夫の扶養に入り、60歳まで第3号被保険者の予定です。

公的年金シミュレーターによると、妻の本来の年金額は年額91万円ですが、受給を5年間繰

図表4-1　会社員55歳（現在世帯年収1,500万円）のケース

夫：1968年（昭和43年）生まれ		
23～64歳　第2号被保険者（会社員）期待平均年収1,200万円		
妻：1968年（昭和43年）生まれ		
20～21歳　第1号被保険者（学生）		
22～29歳　第2号被保険者（会社員）　期待平均年収280万円		
30～59歳　第3号被保険者		
公的年金の想定と見込み受給額		
夫：65歳から受給開始	年額282万円	税引き後手取り240万円
妻：70歳から受給開始	年額129万円	税引き後手取り115万円
夫婦合計	年額411万円	税引き後手取り355万円

出所：筆者の想定にもとづき、公的年金シミュレーター（厚労省）で計算

り下げることで129万円になります。妻が受け取りを開始する70歳以降の夫婦合計の年金手取り額は年額355万円、月額29万6000円です。Fさん夫婦は「できれば現在の生活水準を維持したいので、月額38万円くらいはほしい」と望んでいます。年金だけでは月額8万4000円、年間約101万円足りません。このギャップを埋めるために今後9年間でどの程度の資産形成をしたらよいか、それを考えることにします。

Fさんの現在資産は預貯金1120万円と投資信託（時価）300万円の、合計1420万円としましょう。資産形成については、これまで預貯金に傾斜し、株式投信などリスク性資産は限定的に保有してきたとします。仮に、定年後100歳まで生きるとすると引退後の年数は35

年です。不足分を貯蓄から補うとすると、仮に資産額１５００万円として、引退後年数（35）で除した年間取り崩し可能額は43万円弱となります。家の修繕費などを考えると実際に取り崩せる額はもっと少なくなるでしょう。年間１０１万円の不足は、今ある金融資産の取り崩しでは埋まりません。

引退までに老後資金をいくらくらい積み増せるでしょうか。それを考えるうえで重要なのは、引退前数年程度の働き方と所得の変化です。Ｆさんは役職定年後に２割くらい年収が減り、60歳の再雇用後はさらに低下し、手取り年収は４８０万円になる見込みだとします。

このままでは貯蓄にまわす資金を捻出するのは難しいことから、相談の末、妻のＦ子さんもパートで働くことにしました。当初は夫の扶養内で年間１００万円ほどを稼ぐつもりでしたが、パートの決まった近くの大型スーパーは従業員数が１０１人以上のため、２０２２年改正で厚生年金の短時間労働者への適用拡大要件に該当していることがわかりました。

パートで働く人が厚生年金に加入するには、①従業員数が１０１人以上の企業、②週労働時間20時間以上、③月収８万８０００円以上、④継続して２カ月超働く見込み、⑤学生ではない――という要件をすべて満たす必要があります。なお、①の従業員数については、２０２２年９月末まで「５０１人以上」の企業が対象でした。２０２４年10月からはこれが「51人以上」となり、さらに対象者が広がります。

F子さんが厚生年金に加入すると、将来受け取れる年金額が増えるので、引退後の安心につながります。働き方に応じてどのくらい年金額が増えるのかは「公的年金シミュレーター」で試算できます。時給1100円で1日5時間、週5日働くとすると、年収は132万円。56歳から65歳まで働くとして試算すると、年金見込み受給額は年額107万円になります。70歳まで繰り下げると152万円と、繰下げ加算された見込み額より23万円多くなります。女性の2人に1人以上は90歳まで生きる確率があるので、厚生年金へ加入して生涯受け取れる年金額が増えるのは老後の安心につながります。

引退後の資金の準備をする時、運用だけではなく、生涯受け取れる公的年金を増やせるように働き方を変えていくのは合理的な考え方です。また、厚生年金に加入することにより、病気や怪我をした場合も障害厚生年金を受け取れますし、同時に加入する企業の健康保険では傷病手当金を受けることができるなど、生活保障はより手厚くなります。

収入が増えれば、より多く貯蓄をしていくこともできます。公的年金保険料を支払っていることが加入の条件のイデコは、掛け金が全額所得控除、運用益も非課税になるお得な制度ですが、2020年の法改正で、2022年5月より加入可能年齢の上限が59歳から64歳に引き上げられ、より長く資産運用をすることができるようになりました。

Fさん夫婦の老後資金倍増プラン

Fさん夫婦は、新たに一般ＮＩＳＡで投資信託を１２０万円追加購入し（預貯金１０００万円、投資信託３００万円＋１２０万円）、２０２４年からは新しいＮＩＳＡで、リタイアメントまで毎月10万円の積立投資を続けることにするとしましょう。想定リターンは慎重を期して低めに年率５％、リスク15％で、つみたてインディくんの将来の資産シミュレーション機能を利用して計算しました（図表４－２、図表４－３）。

想定通りに運用できたとすると、９年後

図表4-2　Fさん夫婦の将来の資産シミュレーション

投資期間	9年	
期初投資額	420万円	
月間投資額	10万円	
預貯金残高（ゼロ金利）	1,000万円	
累積投資額（含む預貯金）	2,500万円	
想定年率リターン（投信）	5.0%	
想定リスク（投信）	15.0%	
9年後（満64歳）の資産時価総額（万円）		累積投資額に対する倍率
平均期待資産額	3,015	1.20
分布の上位10%	3,880	1.55
分布の上位20%	3,490	1.39
分布の中央値	2,901	1.16
分布の下位20%	2,469	0.98
分布の下位10%	2,288	0.91

出所：「FIWAつみたてインディくん」で計算・出力

図表4-3　資産形成の将来シミュレーション

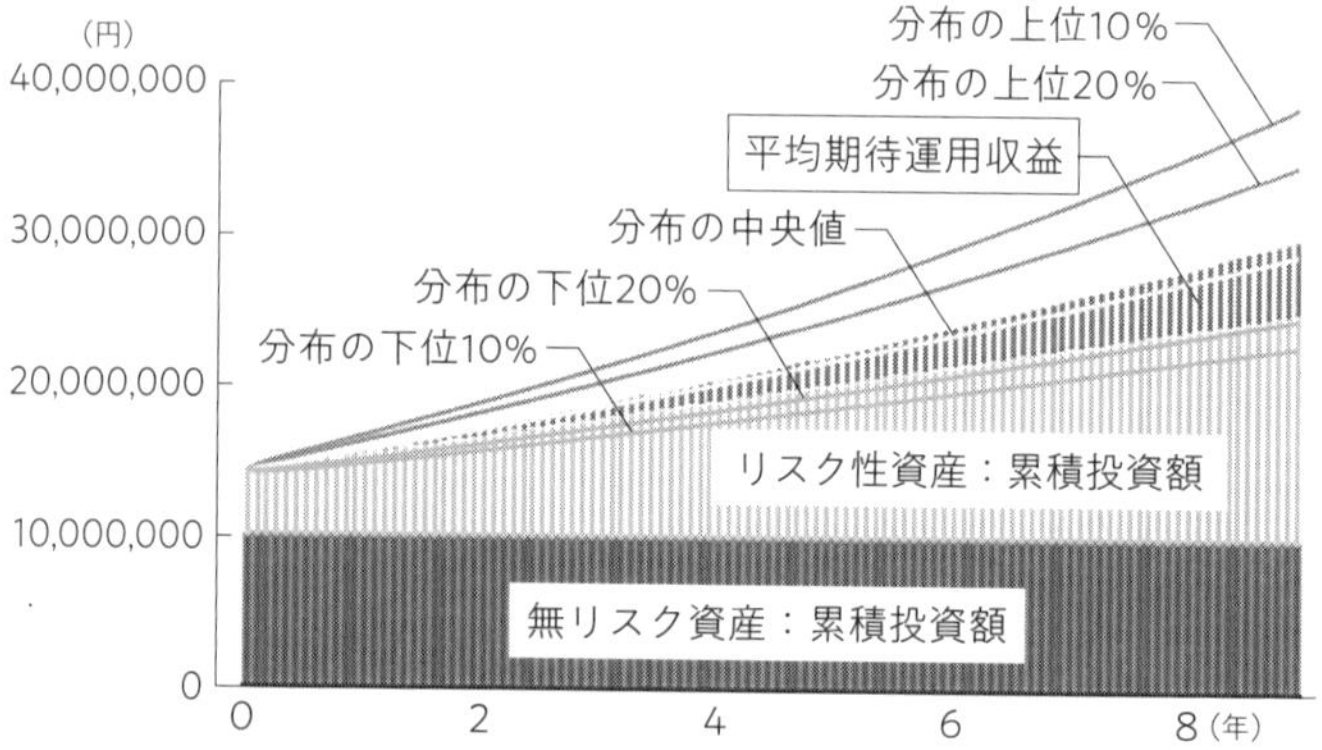

出所：「FIWAつみたてインディくん」で計算・出力

（満64歳時）の期待資産額（中央値）は2901万円です。70歳以降の夫婦の年金額（年額）を411万円、手取り額を約355万円として、引退後の生活費（支出可能年額）の計算（シミュレーション機能3）をしてみます。

Fさん夫婦の引退後の生活費支出可能額（年額）は、次の通りの計算で約452万円になります。これは月額では約38万円ですから、希望の目標額を実現できます。

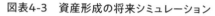

引退後の生活費支出可能額
＝年金見込み受給額（年額355万円）
＋引退時の期待金融資産総額
（2901万円）／30年

さらに退職一時金として1500万円の見込みが加わると、今後必要になる家の修繕費などの資金にも充てられますし、好きな海外旅行に行くなどの余裕も生まれそうです。

資産規模が大きくなり、守りも意識する

50歳代も半ばを過ぎ、資産形成も進み、65歳での引退を意識し始めた世代にとっての問題は何でしょうか。第3章では、若い頃に資産形成を始めたのであれば、資産額がまだ小さく、将来は長いので、株価の急落などで資産価格が一時的にへこんでも、むしろそういう局面では追加投資をすることが長期的に報われると述べました。

しかしながら50歳代も半ばを過ぎたら、資産形成についてはやや防衛的なスタンスも必要でしょう。長期では株式などリスク資産の年率リターンは、十分にリスク分散されている限り一定の年率幅に収束すると述べました。しかし、それは保有する資産の変動性が低下することを意味しません。

運用資産額がまだ小さく、例えば残高が５００万円ならば資産価格が30％低下しても１５０万円の減少ですが、５０００万円に積み上がった資産形成の終盤では１５００万円の減少であり、心理的な衝撃は大きいでしょう。

２０００年代以降でも、直近の高値から30％以上株価が下落するような世界的暴落は、２００１年のＩＴバブルの崩壊、２００８年のリーマンショック、２０２０年春の新型コロナ

ショックと、3度も起こっています。既に株式保有銘柄の多様化やインデックス・ファンドなどでリスク分散されている金融資産のリスクをさらに大きく減らす方法は、代表的には次の3つです。

第1は、金融資産に占めるリスク性資産の一部を売って現金化し、リスク性資産の比率を下げることです。ただし預貯金のリターンは日本ではまだほぼゼロ%で、今後多少上がることはあってもインフレ率以下の水準にとどまるでしょう。したがって、リスクは下がっても資産全体のリターンも下がります。

第2は、株式や株式投資信託の資産の比率を下げて、長期債券の比率を上げることです。株価が急落するような危機や景気後退時には金融緩和が行われ、債券の利回りは低下し、価格は上がります。**株式と長期債券双方への分散投資、これは日本を含む世界中の大手機関投資家がポートフォリオのリスク管理のスタンダードな手法としてやっていること**ですが、日本の家計の資産形成に利用されていることは稀なようです。

その理由は、家計の金融リテラシーの問題もありますが、そもそも日本では2000年以降、最近に至るまで、デフレ、あるいはゼロインフレで、10年物の長期国債利回りも非常に低く推移してきたため、利回りの低下余地（価格の上昇余地）が非常に限られていたからでしょう。

図表4-4　米国株価指数と長期米国債ETFの価格の前年同月比の変化

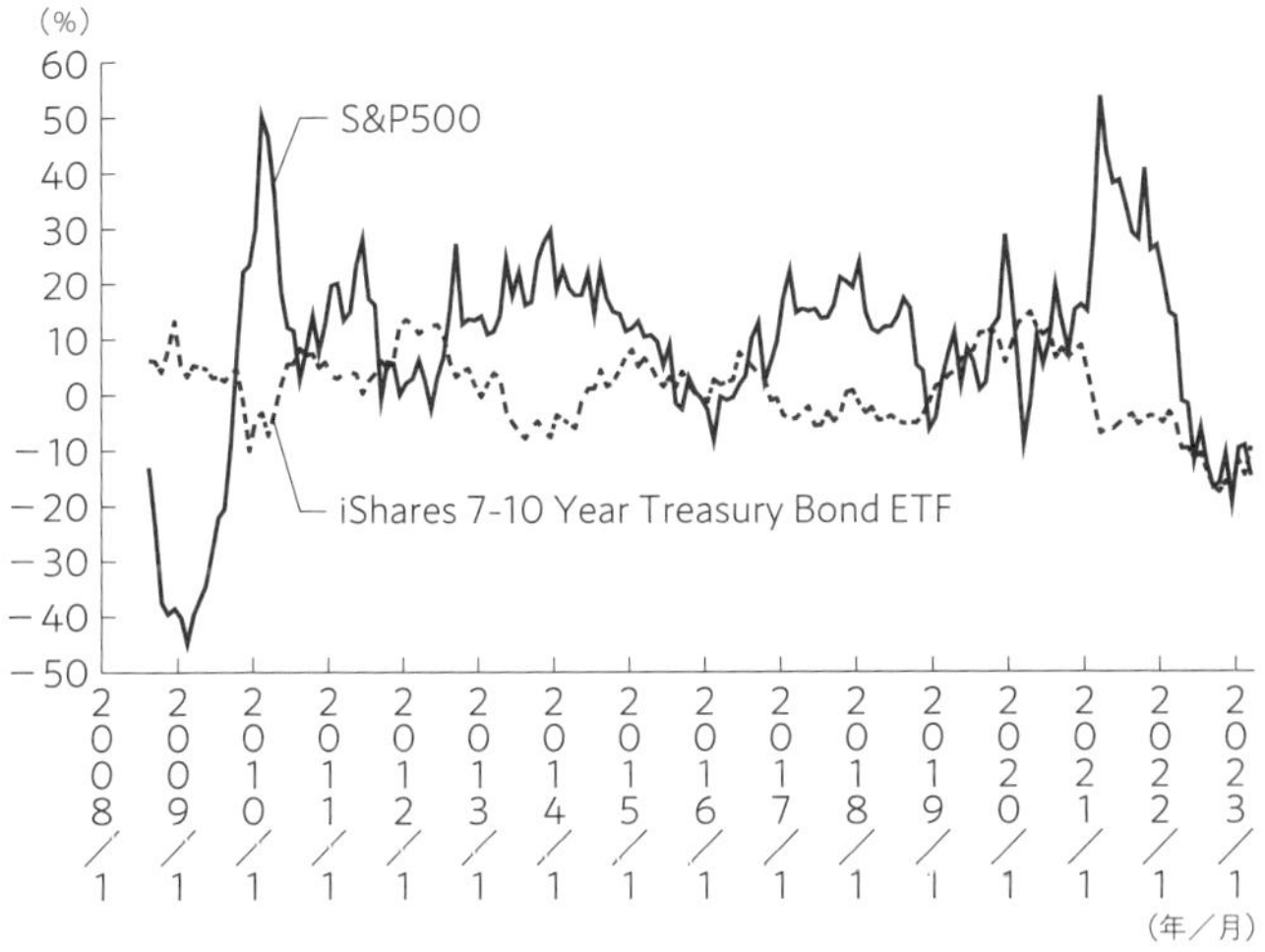

出所：Investing.com

また3つめに、日本で一般に個人向けに売られている国債は固定金利ではなく、変動金利国債です。変動金利国債では、債券の利回りが下がる（上がる）と債券価格が上がる（下がる）という変化はほとんど起こりません。

しかし**インフレ率のベースが高く、名目債券利回りが高い米国では事情は別です。**2000年以降の既述の3度の株価暴落時のいずれも、金融緩和で米国債は流通市場での利回りが低下（価格が上昇）して、それを保有することで株式投資残高の減価を相殺する効果が働きました。

図表4-4は、米国株価指数S&P500の価格と米国債7~10年物に投資するETF（上場投資信託）の価格の変化

（前年同月比）です。両者が概ね逆方向の変動をしている（負の相関関係がある）ことがわかるでしょう。ただしS＆P５００の変動性は債券ETFより2倍から3倍程度高くなっています。

米国債といっても、期間数カ月の短期債から10～30年の長期債まであります。期間1年の債券では、金利（債券利回り）の1％ポイントの低下（上昇）に対する債券価格の上昇（下落）は、ほぼ1％ポイントですので、変動性の高い株価のリスクヘッジ（リスク回避）効果はわずかです。しかし10年債ならば、1％ポイントの金利低下（上昇）に対する債券価格の上昇（下落）は8～9％近くになります。

例えば、償還までの期間10年、利息（クーポン）4％の債券なら、利回りが4％から3％へ1％ポイント低下した場合は、価格は8・5％上昇します。詳しい計算式の説明は省略しますが、大雑把には償還までの期間が10年なら、債券流通市場での1％ポイントの利回り低下（上昇）は債券価格の8～9％の上昇（下落）をもたらすと覚えておいてください。

言い添えますと、勘違いしないでいただきたいのは、例えば期間10年の債券を利回り4％の時に買って、10年後の償還期日まで保有した場合の利回り（リターン）は、あくまでも4％です。しかし市場の利回りが4％から3％まで下がった時に時価で評価した場合、その債券の評価益が8～9％出るということです。もちろんその時点で売れば、評価益は実現益になります。

図表4-5　2つのケースにおける純評価損益

（万円）

	株式30%下落による評価損	10年物米国債1%利回り低下の評価益	純評価損益
ケースA：6,000万円全額株式	**1,800**	0	**▲1,800**
ケースB：株式3,000万円、長期債3,000万円	**900**	255	**▲645**

出所：想定にもとづき筆者作成、▲はマイナス

そこで、米国株価指数連動投信を6000万円保有している場合（ケースA）と、株価指数連動投信を3000万円、10年物米国債を同額の3000万円、合計6000万円保有している場合（ケースB）を比べてみましょう。景気後退で株価指数連動投信が30%下落したとします。その際に金融緩和で10年物国債利回りが約1%ポイント低下（債券価格が約8・5%上昇）すれば、図表4－5の通りとなります。6000万円全額を株価指数連動投信で保有している場合の評価損1800万円に比べて、評価損は約3分の1の645万円にとどまります。

長期債券の保有比率をもっと高くすれば、損失の額はさらに小さくなり、場合によっては債券の評価益が株式の評価損を上回ることも可能です。もっとも、国債のリターンは米国でも株価指数連動投信に比べると低くなるので、金融資産全体のリターンは下がります。それはリスクを低下させる代償として避けられないことです。

ただし注意点として、この場合の債券は国債か、信用格付けが非常に高く国債利回りに近い債券が対象になります。一般にジャンクボンド、あるいはハイ・イールド債と呼ばれる信用格付けの低い債券は、国債よりも利回りは高いです。しかし、それは債務者が破綻して返済不能になるかもしれないというリスクを伴います。こうした低格付け債券は、不況や何らかの危機的事態下では、利回りを構成しているリスクプレミアム部分が高騰し、価格が逆に下がる傾向があります。

また、常に債券価格は株価指数と逆に変動するわけではありません。例えば、米国が当初の予想を超えたインフレ高進に直面した2022年初から数カ月は、急速な金利の引き上げで株価の下落と長期債券の下落が同時に進行するというリスクヘッジ効果がない状態が続きました。これは図表4-4（175ページ）で、2022年は債券ETFと株価指数が同時に低下していることで確認できます。

リスク低減のため、具体的には、ドル建ての米国株価指数連動の投資信託などが積み上がってきたら、①証券会社で長期の米国債を購入する、②長期米国債を対象にした投信を買う――ことが選択肢になります。自分で長期債券を購入する場合は、保有しているうちに償還までの残存期間はだんだん短くなりますから、適当に入れ替える必要があります。そうしたことが面倒だと思う人は、長期米国債券に投資する投資信託を買うのがよいでしょう。

また、株式投信と債券投信を双方保有するのも面倒だというのであれば、株式と債券の双方に投資してリスク低減を狙った「バランス型」投資信託を買うことが選択肢になります。この場合、信託報酬などは株価指数連動投信に比べて高くなります。

2 引退後も運用を続ければ資産寿命が延びる ——60代・70代が100歳まで資産をもたせる合理的な取り崩し方

資産運用を継続すれば資産寿命はぐんと延びる

引退後の資産運用について考えましょう。例えば65歳の引退時に目標通りの資産を形成できたとします。今後は年金が主たる所得になりますが、安全のために株式などのリスク性資産は全部取り崩して預貯金や国債など安全資産にしたほうがよいでしょうか。それともリスクを減らしながらも運用を継続したほうがよいでしょうか。

もちろん、これは個人のリスクに対する許容度や好み（選好）に依存する問題です。筆者（竹中）自身は、現在66歳で、2年後の68歳で勤めている大学を引退しますが、今後の方針は次の2点にまとめています。

①以前より運用資産全体のリスクは下げながらも運用は継続する。
②資産の取り崩しを計画的に進め、好きなことに積極的に支出する。

運用資産のリスクを下げる手法は、既に前節で述べましたが、リターンゼロの現金の保有比率を上げることもできます。しかし将来もし日本の金利もある程度上がっているならば、国債など格付けの高い債券を保有してその比率を上げるのが効率的でしょう。

資産シミュレーション機能「定額取り崩しによる将来の資産シミュレーション」がつみたてインディくんにはあります。これを使った試算ケースをご紹介しましょう。想定として、65歳時点で6000万円の資産形成に成功したとします。

6000万円という資産額は、例えば32歳から33年間、月額4万円（年間48万円）をつみたてNISA、あるいは企業型か個人型の確定拠出年金（DC）で運用した場合、8％のリターン、リスク17％で達成できる結果の中央値が6039万円ですから、ミドルクラス以上の所得層には可能な範囲でしょう。

一時的な暴落に遭ってもアタフタしないこと

繰り返しになりますが、運悪く引退が近づいてきた時期に10年に一度の株価暴落に遭遇し、資産の時価総額が大きくへこんでも、決してパニックにならないことです。既に第3章で述べた通り、リーマンショックほどの株価暴落局面でも3～5年待てば、米国や世界の株式市場は回復し、過去の平均値に近いリターンを取り戻してきたのです。

「日本の１９９０年代はそうではなかった」と言う方もいるでしょう。たしかに日本の１９８９年末の株価は、世界の株式市場の歴史にも稀な過大評価でした。株価の割高・割安を測るひとつの尺度である株価収益率（ＰＥＲ）で見ると、普通は15倍程度を中心に12〜18倍程度が各国の株式市場の平均ですが、当時の日経平均株価指数のＰＥＲは60倍前後でした。株式市場全体が異常だったと言えるでしょう。しかし逆に言うと、そんな途方もないバブルが日本でもう一度起こるとは思えません。

そしてバブルの後始末として、日本の銀行の莫大な不良債権処理が概ね終わった２００３年以降の30年間の日経平均株価指数連動投信の積立投資のリターンは７・４％、累積投資額に対する資産時価総額は２・１４倍になるまで「平常化」しているのが現実です。

65歳の引退を契機に、金融資産の中身をより低リスクなものにシフトして、期待リターンを４％に下げ、リスクは15％、資産の月間取り崩し額を20万円として、今から30年後の資産を推計したのが図表４－６です。この試算も、積立投資による将来シミュレーションと同様にモンテカルロ法を使って、将来の資産額の確率的な分布を示しています。もしあなたの公的年金額が月額20万円なら、毎月40万円を支出することになります。

６０００万円の資産は毎月20万円取り崩して支出すれば、25年でゼロになります。

図表4-6-1　資産取り崩しシミュレーション1

取り崩し期間	今後30年間	
取り崩し額（月額）	20万円	
期初保有額	6,000万円	
想定年率リターン	4.0%	
想定リスク	15.0%	
30年後の資産時価総額（万円） マイナス（▲）は不足額を意味する		資産ゼロとなる までの年月
リターン0%の場合	▲1,180	25年
分布の上位10%	18,232	―
分布の上位20%	10,554	―
分布の中央値	2,255	―
分布の下位20%	▲1,431	24年1カ月
分布の下位10%	▲2,443	19年10カ月

出所：「FIWAつみたてインディくん」で計算・出力

図表4-6-2　資産取り崩しシミュレーション2

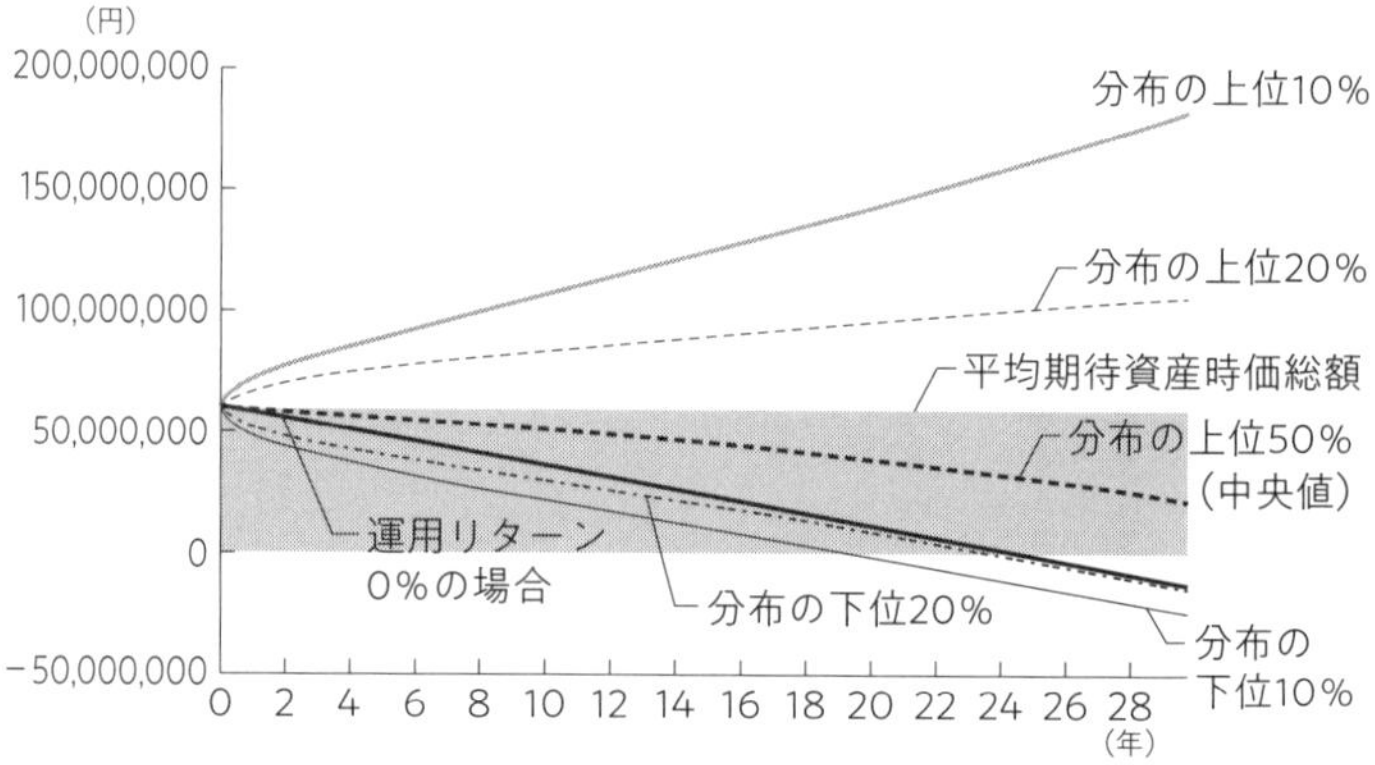

出所：「FIWAつみたてインディくん」で計算・出力

6,000万円＝20万円×12カ月×25年

ところが4％で運用を続けると、中央値の期待値は30年後（満29年経過後）でも２２５５万円も残ります。しかも幸運な上位10％のケースでは1億８２３２万円に、上位20％のケースでも1億５５４万円に増えてしまいます。

運の悪いほうのケースにも目を向けましょう。下位10％のケースでは19年10カ月後に資産はゼロとなり、その後も月に20万円使い続けるとするとマイナス２４４３万円になります。もっともその場合は支出を切り詰め、年金受給額の範囲にすればマイナスにはなりません。

あるいは、資産価格の下落が大きくなった場合には、やはり支出を切り詰め、月額20万円の取り崩しを減らせば、資産の寿命は19年10カ月より延ばすことが可能です。その時は65歳から20年経った85歳という年齢ですから、生活面の活動量も自然と低下して遊興費も減少すると考えれば、それほど無理のないことでしょう。もっとも慎重なタイプの人なら、月間取り崩し額を20万円ではなく、15万円に落とせば、下位10％の不運なケースでも資産寿命は26年10カ月に延びます。

図表4-7　Gさんの引退時の金融資産と年金見込み受給額

（万円）

退職給付制度	退職一時金	1,000
NISA口座		1,910
預貯金		500
	合計	3,410
公的年金見込み受給額（手取り）	夫婦合計年額	264

出所：筆者の想定にもとづき計算

図表4-8　生活費を年間336万円（月額28万円）として100歳までの資産の取り崩し方

（万円）

公的年金の受け取り方と働き方		年間収入の内訳 60～64歳	65～69歳	70～74歳	75～100歳	資産の取り崩し額	100歳時点の残高
A	就労なし/ 65歳から年金受給	報酬 ＝400	公的年金 ＝264 ▲72	公的年金 ＝264 ▲72	公的年金 ＝264 ▲72	▲2,520	890
B	70歳まで就労/ 70歳まで繰下げ	報酬 ＝400	報酬 ＝300 ▲36	公的年金 ＝375	公的年金 ＝375	▲180	4,400
C	就労なし/ 70歳まで繰下げ	報酬 ＝400	0 ▲336	公的年金 ＝375	公的年金 ＝375	▲1,680	2,900
D	70歳まで就労/ 75歳まで繰下げ	報酬 ＝400	報酬 ＝300 ▲36	0 ▲336	公的年金 ＝486	▲1,860	5,300

支出は現役時代の70％、年間336万円と想定します。税金や社会保険料は考慮していません。65歳以降の就労継続による年金額改定は加味していません。100歳時点の残高は100歳まで支出が変わらないと仮定した場合

出所：筆者の想定にもとづき計算、▲はマイナス

個別例で考える――現役時代の平均月収の7割、月間支出28万円の場合

次に個別の事例で考えてみましょう。会社員のGさん（50歳）は、60歳定年時に退職一時金1000万円を受け取り、65歳までは再雇用で手取り400万円（年額）で働くとしましょう。65歳の引退時の資産状況等は図表4－7の通りです。

預貯金500万円、退職時の一時金受け取り1000万円に加えて、48歳から始めたつみたてNISA（2024年からは新NISA）で1910万円、総額3410万円の金融資産があるとします。つみたてNISA口座のこの運用実績は、株価指数連動型の投資信託で毎月5万円ずつ積立投資をした場合、運用期間は17年間、リターン8％、リスク17％で実現される中央値の実績です。また、夫婦の年金額は手取りで年額264万円の見込みです。このケースで、100歳まで資産をもたせる合理的な取り崩し方について考えましょう。

まず、**老後の生活費は現役時代の平均40万円の7割、月額28万円（年間336万円）と想定**します。そのうえで次のAからDまで、公的年金の受給開始時期と就労の異なる4つのケースに分けてみました。100歳まで生きるとして、各ケースの年間収入の内訳と貯蓄の総取り崩し額は図表4－8の通りになります。

A：65歳以降就労なし、65歳から公的年金受給開始

B：70歳まで就労、70歳まで公的年金受給繰下げ
C：65歳以降就労なし、70歳まで公的年金受給繰下げ
D：70歳まで就労、75歳まで公的年金受給繰下げ

公的年金受給の繰下げは夫婦同時に行います。また、65歳以降の就労は手取り300万円（年額）とします。

生活費を月額28万円とした場合は、A～Dのどのケースでも資産の取り崩し総額は、引退時の見込み資産額3410万円以下ですから、資産運用をせずにすべてゼロ利回りでも資産的には十分な余裕があることがわかります。

月35万円の生活をすると足りなくなる

次に、Gさんが老後の生活費を月額35万円（年間420万円）にした「ゆとりある生活」をするとどうなるでしょうか。それは図表4－9の通りで、ケースAの65歳から就労せずに年金の受給を開始した場合、ならびにケースCの65歳以降就労せずに年金受給を70歳からにした場合の双方で、資産の取り崩し額が引退時の3410万円を超えてしまいますので、100歳まで持続できません。

図表4-9　ゆとりある生活費を年間420万円（月額35万円）として 100歳までの資産の取り崩し方

（万円）

公的年金の受け取り方と働き方		年間収入の内訳				資産の取り崩し額	100歳時点の残高
		60～64歳	65～69歳	70～74歳	75～100歳		
A	就労なし/65歳から年金受給	報酬＝400 ▲20	公的年金＝264 ▲156	公的年金＝264 ▲156	公的年金＝264 ▲156	▲5,560	—
B	70歳まで就労/70歳まで繰下げ	報酬＝400 ▲20	報酬＝300 ▲120	公的年金＝375 ▲45	公的年金＝375 ▲45	▲2,050	1,360
C	就労なし/70歳まで繰下げ	報酬＝400 ▲20	0 ▲420	公的年金＝375 ▲45	公的年金＝375 ▲45	▲3,550	—
D	70歳まで就労/75歳まで繰下げ	報酬＝400 ▲20	報酬＝300 ▲120	0 ▲420	公的年金＝486	▲2,800	2,260

支出は年間420万円と想定します。税金や社会保険料は考慮していません。65歳以降の就労継続による年金額改定は加味していません。100歳時点の残高は100歳まで支出が変わらないと仮定した場合

出所：筆者の想定にもとづき計算、▲はマイナス

そこで、資産運用を継続しながら取り崩すとどうなるかを試算してみましょう。

つみたてNISA口座にある引退時のリスク資産1910万円を65歳以降100歳まで35年間、運用しながら取り崩すとします。この時の想定年率リターンは慎重に考えて低めに5%、想定リスクは高めに19%としましょう。

運用しながら、①ゆとりある生活の「A：65歳以降就労なし、65歳から年金受給開始」→取り崩し額5560

万円のケース、②「C：65歳以降就労なし、70歳まで年金受給繰下げ」→取り崩し額3550万円のケース、をそれぞれ試算してみます。

A：65歳以降就労なし、65歳から年金受給開始→取り崩し額5560万円のケース

65歳以降の年金受給額と支出額の差（不足分）年間156万円のうち、まず預貯金から毎年40万円（＝〈1500万円－100万円〉／35年）を取り崩します（100万円を残すのは自分の葬式費用です）。残りの年間不足額116万円、月額約9万7000円については、運用を継続しながらNISA口座から取り崩します。イメージは図表4－10のようになります。

シミュレーション結果は図表4－11の通りで、中央値の場合でも資産は22年で尽きてしまうので、35年間、100歳までは持続しません。ケースAでは、月額35万円（年間420万円）という支出は無理だと考え直す必要があります。

C：65歳以降就労なし、70歳まで年金受給を繰下げ→取り崩し額3550万円のケース

このケースでは65歳から5年間は就労所得も年金受給もないので、年間420万円を資産から取り崩すことになります。70歳からは繰り下げた年金受給額が年間375万円に増えるので、年金受給額と支出額の差（不足）は年間45万円に減り、金融資産の取り崩しも年間45万円

図表4-10　ケースAでのNISA口座からの取り崩しイメージ

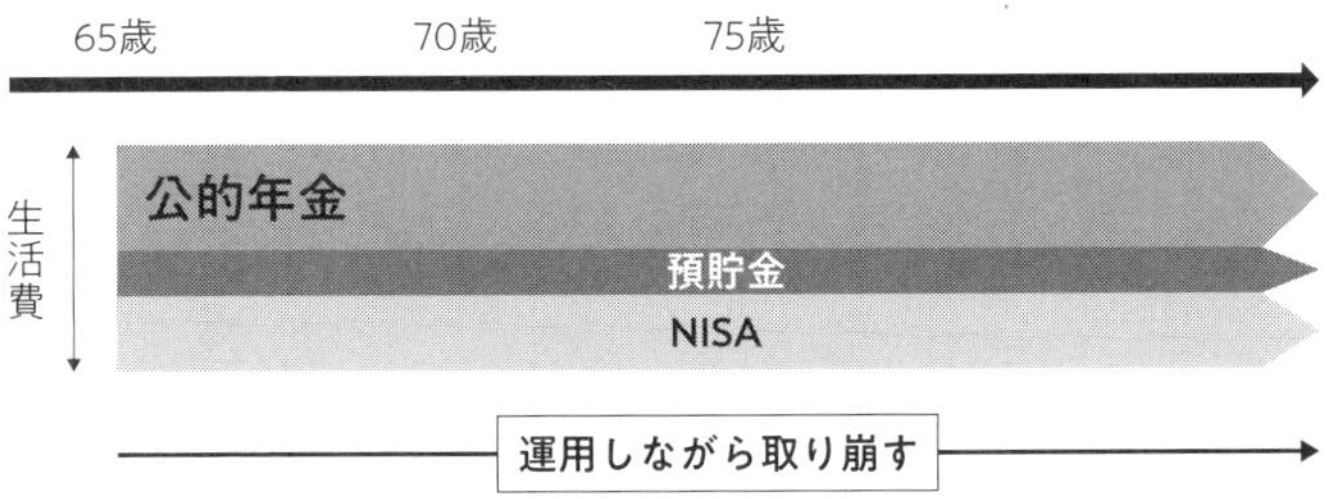

出所：筆者作成

図表4-11　取り崩した結果は?

取り崩し期間	35年間	
取り崩し額(月額)	97,000円	
期初保有額	1,910万円	
想定年率リターン	5.0%	
想定リスク	19.0%	
30年後の資産時価総額（万円） マイナス（▲）は不足額を意味する		資産ゼロとなる までの年月
リターン0%の場合	▲2,164	16年5カ月
分布の上位10%	5,581	―
分布の上位20%	1,443	―
分布の中央値	▲1,521	22年0カ月
分布の下位20%	▲2,426	14年2カ月
分布の下位10%	▲2,688	11年11カ月

出所：「FIWAつみたてインディくん」で計算・出力

図表4-12　70歳まで就労すると……

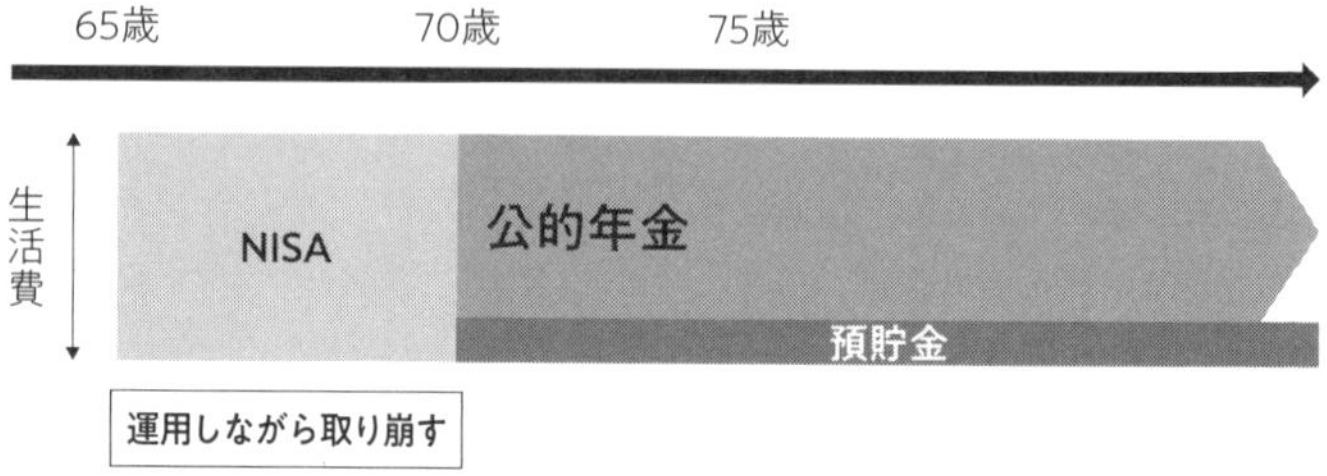

出所：筆者作成

に減ります。

問題は、預貯金とＮＩＳＡのリスク性資産残高のどちらを優先して取り崩すかです。年齢を重ねるにつれて家計ポートフォリオのリスクは次第に減らすのが望ましいと考えれば、ＮＩＳＡ口座のリスク性資産の取り崩しを優先することも選択肢です。しかしそれでは、長期で運用を継続することによって得られるリターン、ならびに非課税優遇のメリットを早めに失うことになります。

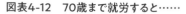

また預貯金、債券（固定クーポン）はインフレには弱いので、将来インフレが高進した場合は、資産の購買力（実質価値）は大きく減少します。公的年金はインフレも勘案して増える仕組みがありますが、第２章で説明したマクロ経済スライドの発動もあるので、将来のインフレ分をすべて年金増額で取り戻すことはできないかもしれません。

この点は後ほど改めて考えることにして、とりあえず１００歳まで資産が持続するかどうかの検証の試算を簡単にするために、ここでは65歳から5年間はもっぱらＮＩＳＡ口座の運用を継続しながら取り崩し、70歳からは預貯金を取り崩すという想定で、１００歳までの35年間資産がゼロにならずに持続できるかどうか計算してみましょう。

図表4-13　ケースCでの65歳から5年間の定額取り崩しの結果

取り崩し期間	5年間	
取り崩し額（月額）	350,000円	
想定年率リターン	5.0％	
期初保有額	1,910万円	
想定リスク	19.0％	
5年後の資産時価総額（万円）		資産ゼロとなるまでの年月
リターン0％の場合		4年7カ月
分布の上位10％	847	－
分布の上位20％	468	－
分布の中央値	—	4年11カ月
分布の下位20％	—	4年1カ月
分布の下位10％	—	3年8カ月

出所：「FIWAつみたてインディくん」で計算・出力

まず65歳から5年間のＮＩＳＡ口座の定額取り崩しの結果は図表４－13の通りで、想定年率リターン５％、想定リスク19％、月額35万円の取り崩しでは、推計の中央値で約５年間で資産はほぼゼロになります。

70歳からは、繰下げで増えた年金受給額年間３７５万円と年間支出額４２０万円（月額35万円）の差額は45万円だけです。１５００万円の預貯金は30年間毎年50万円取り崩せるので、１００歳まで資産寿命を持続できることがわかります。

50万円＝1,500万円／30年

もっとも、65歳からのＮＩＳＡ口座の５年間の運用で、運が悪い下位10％のケースでは、３年８カ月でＮＩＳＡ口座の残高が尽きてしまうので、取り崩し額をやや減らす必要がありますが、調整可能な範囲でしょう。

またもっと引退後の生活に余裕を持たせたいのであれば、65歳から70歳までの５年間に少し働いて収入を得ることです。「夫婦で年間２００万円ほどの収入を得ることで、取り崩し総額は５年間で１０００万円ほど減るので、運用しながら取り崩すことと合わせれば、よりゆとりのある生活を送ることができるでしょう」と、筆者であればご提案します。

ＷＰＰで長生きリスクに対応――私的年金・ＮＩＳＡの取り崩しの順番

イデコや企業型ＤＣで老後資金を積み立ててきた人には、他の方法もあります。図表４－14のイメージのように公的年金を繰下げ受給するまでの間、イデコや企業型ＤＣ、必要なら預貯金等を生活資金に充てることができます。この点を詳しく見てみましょう。

平均寿命が延び、長生きする人が多くなるなかで、資産が足りなくなり生活困窮に陥る「長生きリスク」が現実のものとなっています。それを回避するための備えとして、最近「ＷＰＰ」

図表4-14　繰下げ需給までは運用しながら取り崩すと……

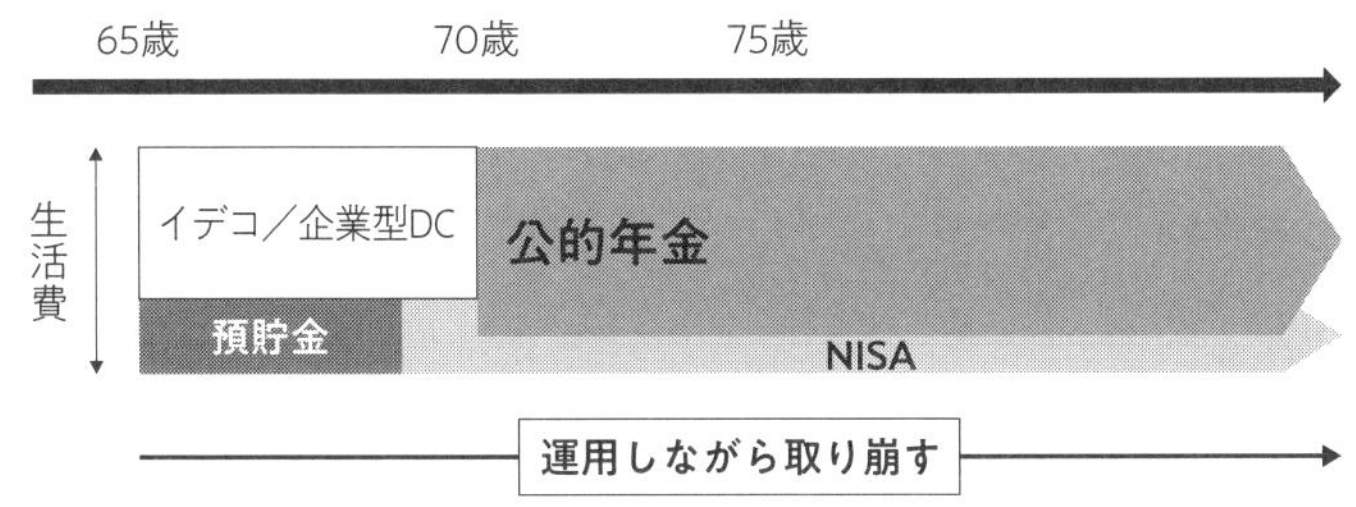

出所：筆者作成

という考え方が広がってきています。

ＷＰＰとは、継続就労（Work Longer）、私的年金（Private Pensions）、公的年金（Public Pensions）の頭文字をとったものです。これは社会保険労務士の谷内陽一氏が日本年金学会総会の研究発表会で、公的年金と私的年金の新たな役割分担のあり方として提唱したものです。

基本的な考え方は簡単で、①働けるうちはできるだけ長く働き、②公的年金の受給時期は繰り下げ、③その受給時期までの「中継ぎ役」として私的年金を取り崩す――という考え方です。

老後のマネープランについて相談に訪れる人の多くは、引退後も運用を続けていかなければ80歳代半ばに資産が底をついてしまう状況ですが、このＷＰＰを実践すれば、多くの場合、100歳まで資産が持続する見通しが得られています。

私的年金には、民間の個人年金保険や、個人型ＤＣのイデコ、企業型ＤＣなどがありますが、さらにはＮＩＳＡなどを利用した証券投資や現預金なども「老後のためにつくる自分年

図表4-15　WPPで長生きリスクに対応

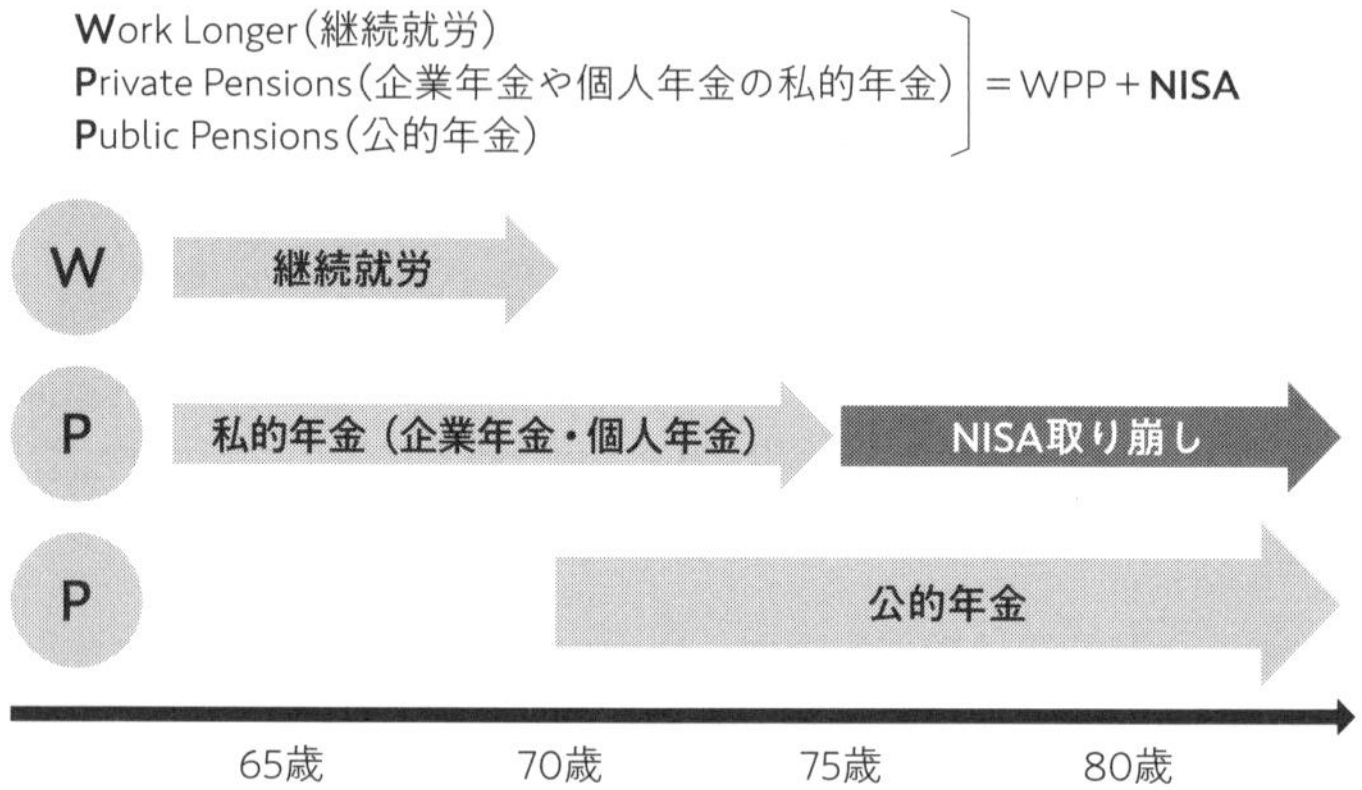

出所：WPPの考え方をもとに筆者が作成

金」と捉え、広く私的年金として考えるとよいと思います。

資産取り崩しの優先順位をどうするか

次に、どういう順序で取り崩すかを考えます。税制面での優遇の享受と長期のリターンを最大化する観点からは、①民間の個人年金保険、預貯金、証券課税口座、②イデコや企業型ＤＣ、③ＮＩＳＡ——の順番で取り崩すのが合理的です。

投資は運用期間を延ばせば、利子や配当の再投資による複利効果が加わり、結果的に元本割れのリスクを低下させることができます。特にＤＣやＮＩＳＡは運用益が非課税になるメリットがあり、運用期間を延ばすと複利効果はより大きくなります。

ＤＣとＮＩＳＡの取り崩し順は、ＤＣが先になります。ＤＣは75歳になるまでは「運用指図者」として運用ができますが、イデコは毎月手数料もかかります。このためＮＩＳＡより先に取り崩したほうがよいでしょう。

しかしながら、預貯金の取り崩しを優先することに不安を感じる人も少なくないでしょう。流動性については、株式や投資信託もすぐに換金できるので問題はありません。**問題は価格変動のリスクです。大きな換金が必要になった時に株価の急落が起これば、泣く泣く安値圏で投資信託などを現金化することになります。したがって病気、怪我、災害を含めた不測の事態に備えて一定の預貯金を持っておくことは大切です。**

また、民間の個人年金保険は、受け取り開始が60歳のものであっても、受け取らずに運用を続けることで年金額が増えるので、受け取りを少し先延ばしするのもひとつの方法です。ただ、契約者が毎年受け取る個人年金は雑所得として所得税・住民税の課税対象になります。

また、ＤＣは加入年齢が広がり、企業型ＤＣは70歳になるまで（加入年齢は企業により異なります）、イデコも要件を満たせば65歳になるまで加入できるようになったことから、シニア世代になってからイデコに加入する人も増えています。退職所得控除が大きいことから一括受け取りをする人が多いのですが、運用期間を延ばすために年金受け取りも検討するとよいでしょう。年金受け取りだと雑所得になり、公的年金受給額が多い場合には所得が増えて税金・社会保険料の増加につながりますが、運用期間が短いと元本割れする確率も高くなります。

ちなみにイデコは、加入期間が10年以上あれば原則の60歳から受け取れますが、①8年以上10年未満は61歳から、②6年以上8年未満は62歳から、③4年以上6年未満は63歳から、④2年以上4年未満は64歳から、⑤1カ月以上2年未満は65歳からと、5通りに分かれています。60歳以降に新規加入すると、加入して5年が過ぎないと受給できません。

老後の資産管理の方法（100歳まで資産をもたせるための簡単な生活費の算出方法）

資産運用を続けながら取り崩していく場合、資産の時価は変動するので、取り崩し額は毎年、時価に合わせて計算する必要があります。途中で必要になるお金や最晩年に残しておきたい額を資産の時価総額から差し引き、余命年数で割ると、その年の取り崩し可能額が出ます（図表4－16）。夫婦の場合、長生きすると思われるほうの余命年数で計算してください。

取り崩すことができる金額と年金額を合わせた金額が、1年間で使えるお金です。取り崩すことができるお金を公的年金が振り込まれる普通預金口座に移します。1年間で使える金額を12カ月で除した金額が「1カ月の生活費」です。この金額を目安にすれば使いすぎを防げますし、資産を最期までもたせることができます。年に一度資産管理をする日を決めておくとよいでしょう。年金額が改定される4月に合わせるといいかもしれません。

図表4-16　老後の資産管理の方法

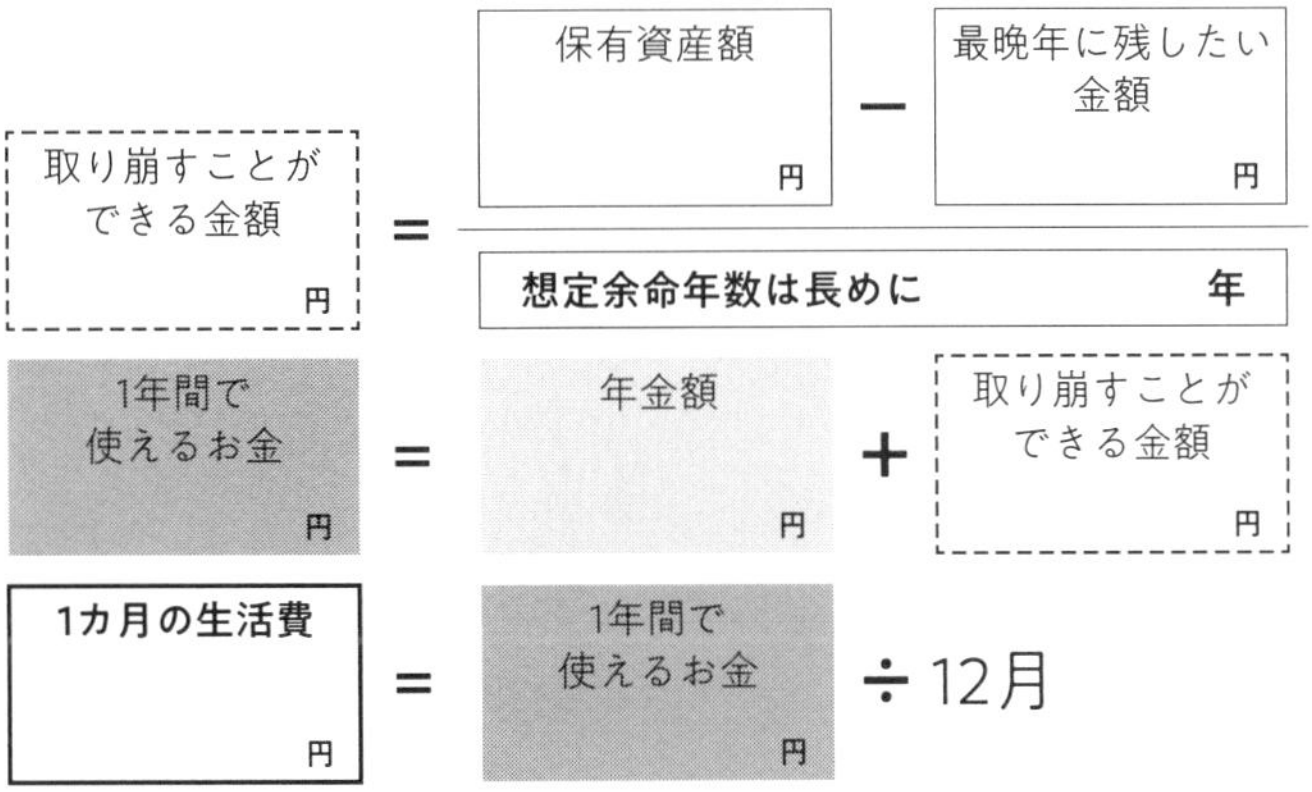

出所：筆者作成

超長期投資のすすめ――140年超の株価指数

ここまで本書をお読みいただき、合理的に資産を形成するためには、**①長期・積立・分散投資、②運用にかかるコストの低い運用商品を選ぶ、③非課税口座を優先的に利用する**、この3点が大事だとご理解いただけたと思います。つみたてインディくんのシミュレーションを実際に確認したことで、**時間を味方につけると複利効果で資産を増やしていけること**も納得いただけたでしょう。

次に、さらにもっと長い期間1878年～2022年の日本と米国の株価指数（配当込みのベース）の推移をご覧いただきましょう（図表4－17）。

日本にはじめて株式市場が誕生したのは1878年（明治11年）です。以来、日本は144年の株式市場の歴史を持っていますが、明

図表4-17　兜日本株価指数

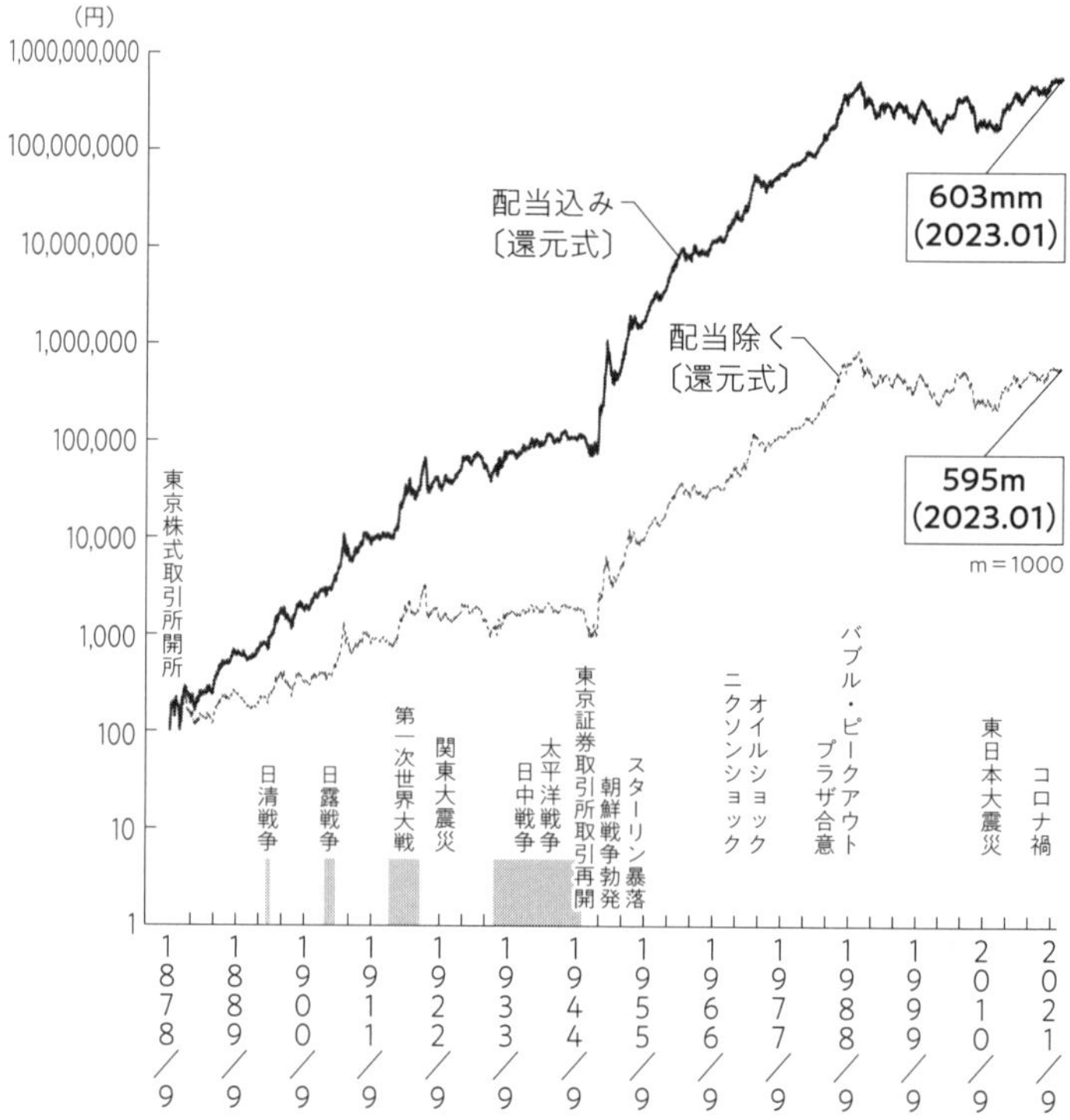

出所：兜日本株価指数は三和·岡本日本株価指数API,TRI（1878年9月～1951年12月）に、証券経済研究所算出の投資収益率（1951.12-2012.12）、東京証券取引所算出のTOPIX、配当込TOPIX（1973.1-）を可能な限り一貫性を保ちつつ連結して作成したもの

治・大正・昭和戦前期の株価データは整備されていませんでした。そこで、明治大学の株価指数研究所が投資教育会社のI-Oウェルス・アドバイザーズ（東京・渋谷）と共同で、1878年から1951年に至る株価指数を算出し、2022年8月2日に公表しました。この指数を戦後の東証株価指数（TOPIX）とつなげることで、140年超にわたる日本の株式市場を指数で一貫して見ることが可能になったのです。

図表4-17の下の破線は配当を除いたもの、上の実線は配当込みの指数です。1878年9月を100とする月次ベースの指数で、物価上昇は反映していない名目価格です。長期で右肩上がりになっており、鋸刃のような線であることが確認できます。このギザギザは株価の騰落です。長い歴史の中では、あのリーマンショックの暴落さえも、さざ波ほどに見えることに驚きます。プロの投資家でない私たちは、日々の騰落で一喜一憂せず大きく構え、自分の資産をゆっくりと増やしていけばよいと思います。長期運用の重要さを理解していただけるのではないでしょうか。

世代を超えた超長期運用をするならリスク許容度は下げなくてもよい

高齢になるほど、運用可能期間（自分の余命）が短くなり、一般にリスク許容度は下がります。そこで債券の比率を高め、あるいは売却して預貯金の比率を高めるという選択肢があります。また、高齢になり、認知や判断機能の低下で自らの判断で金融取引を行えなくなると、銀行口座が凍結されたり、金融商品の売買や上場株式等の運用を続けられなくなったりする心配もあります。

しかし、自分一代でかかる生活費を超えて資産形成をなした場合には、子世代に引き継ぐことで、世代を超えて長期で持ち続けるわけですから、必ずしも金融資産全体のリスクを下げ、リターンを犠牲にすることはありません。具体的には、「任意後見」や「家族信託」などの手続きを事前にする、「金融機関の専用口座で管理する」などの方法があります。

後見制度には「任意後見」と「法定後見」があり、「任意後見」は本人の判断能力があるうちに、今後生じる事態に備えて事前に所定の手続きを経て契約しておく制度で、株式等の運用も可能です。

また、信託には「商事信託」と「民事信託」があります。商事信託の代表的なものは信託銀行のサービスで、株式の運用はできません。一方、民事の「家族信託」は、自由度が高く、株式などの運用も行えます。その他一部の証券会社では、株や投資信託など金融商品を家族が専用口座で管理することができます。家族信託の仕組みを利用して信託口《ぐち》口座を開設して親の保有する債券などを移す方法や、親の保有する国内上場株式等の運用を子が引き継ぐサービスを提供している金融機関もあります。

このようなサービスは手数料がかかりますが、高齢期に無理に売買せず、長期運用することができますし、必要な時に子の判断で売却も可能です。意図しない売却は、健全な資本市場の形成への妨げとなるなどの問題が生じる可能性もあります。ぜひ事前に対策をとっておくとよいでしょう。世代を超えて長期投資を続けることで、将来の購買力を維持し、資産を育て、家計にもプラスαの余剰を生み出したいものです。

補足参考資料

日本で購入可能な株価指数連動型投資信託（インデックス・ファンド）

本書は特定の投資信託を推奨することはしませんが、どれを選ぶか読者の選択の参考として、日本で購入可能な株価指数連動型投資信託（インデックス・ファンド）の概要を、以下に図表を付してご提供します。対象は内外の各種株価指数に連動したもので、３年以上の運用歴、運用純資産10億円以上のものを抽出しました（ＥＴＦ、ＤＣ専用、ＳＭＡ専用のものは除いています）。

ＮＩＳＡやイデコで利用する場合には、口座を置く金融機関の扱う投資信託に限定されるので、自分が望む投資信託がある金融機関で口座を設定する必要があります。また、年率リターンは、本書で扱っている定額積立投資ベースのものではなく、期初一括投資した場合のものです（配当再投資ベース、信託報酬差し引き後）。

データはウエルスアドバイザー（Wealth Advisors：旧Morningstar）のサイトからとったも

		過去10年間年率リターン	信託報酬（運用手数料）		
リスク(b)	シャープ比率	平均	平均	最高	最低
14.0	0.84	9.1%	0.44%	0.54%	0.15%
17.4	0.61	10.5%	0.46%	0.88%	0.15%
14.6	0.81	なし	0.51%	0.66%	0.21%
	=(a−0)/b				

出所：Wealth Advisor（旧Morningstar）2023年3月28日時点のデータより作成

のです。本サイトは日本における投資信託の検索サイトとしては最も包括的でよくできていますので、ご存じない方は投資信託選びの際などに見てみるとよいでしょう（https://www.wealthadvisor.co.jp/）。

まず補足図表1で、日本の株価指数に連動する投資信託を見ましょう。種類は、ＴＯＰＩＸ（東証株価指数）、日経平均株価指数（日経２２５）、そして比較的新しいＪＰＸ日経インデックス４００の３つでほとんどすべてです。それぞれの株価指数の特徴はインターネットで検索すればすぐにわかることなので、本書では省略します。過去3年間、あるいは10年間の年率リターンを見ればわかる通り、バブル崩壊の１９９０年代から２０００年代半ばまでの成績とは様変わりで、年

補足図表1　日本の株価指数に連動する投資信託

対象投信：国内株式インデックス型、運用期間3年以上、純運用資産10億円以上
（ETF、DC専用、SMA専用を除く）

		過去3年間年率リターン 配当再投資、信託報酬差し引き後		
対象株価指数	銘柄数	平均(a)	最高	最低
TOPIX（東証株価指数）	34	11.8%	12.2%	10.7%
日経平均株価指数（日経225）	44	10.6%	11.0%	10.0%
JPX日経インデックス400	13	11.9%	12.3%	11.7%
以上小計	91			
その他銘柄	3			
合計	93			

率10％前後となっています。

より細かく見ると、過去10年では日経平均株価指数のリターンがＴＯＰＩＸを１％ポイント強も上回っていますが、過去３年を見ると逆転して、ＴＯＰＩＸのリターンが１％ポイント強上回っています。ただし、次の10年がどうなるかは、信頼できる予測は成り立たないと思ったほうがよいでしょう。筆者（竹中）は双方の指数連動ともに長期保有しています。

また、同じ株価指数に連動する投信である限り、長期のリターンはほぼ同じ水準に収束するのですが、投資家が払う信託報酬（年率）は０・１５％から０・８８％までかなりバラツキがあることに気づいてください。低コストの信託を買うのが当然の選択です。実際、相対的に高コストのインデックス・ファンドほど、低リターンの傾向が

		過去10年間年率リターン	信託報酬（運用手数料）		
リスク(b)	シャープ比率	平均	平均	最高	最低
22.0%	0.97	該当なし	0.50%	0.50%	0.50%
18.5%	1.07	該当なし	0.31%	0.61%	0.09%
19.0%	0.95	13.0%	0.52%	1.05%	0.10%
18.3%	0.92	12.1%	0.20%	0.28%	0.11%
18.0%	0.91	12.0%	0.36%	0.66%	0.11%
18.9%	0.45	該当なし	0.22%	0.22%	0.21%
19.2%	0.94	14.8%	0.62%	0.76%	0.25%
18.6%	0.43	9.1%	0.73%	0.76%	0.66%
19.1%	0.38	4.7%	0.46%	0.83%	0.19%
	=(a−0)/b				

注：(H有）とは為替リスクヘッジあり
出所：Wealth Advisor（旧Morningstar）2023年3月28日時点のデータより作成

あります。

次に、海外の株価指数に連動する投資信託を見ると（補足図表2）、こちらは新しい指数がいろいろ設けられて、種類が多くなっています。しかしなかにはかなり特殊な性質の株価指数もあり、「市場全体のパフォーマンスを表示するために広範な株価銘柄をカバーする」というインデックスの本来の機能からは外れたものもありますので注意してください。ここでは、代表的な株価指数に連動した投信

補足図表2　海外の株価指数に連動する投資信託

対象投信：海外株式インデックス型、 運用期間3年以上、 純運用資産10億円以上
（ETF、 DC専用、 SMA専用を除く）

対象株価指数	銘柄数	過去3年間年率リターン 配当再投資、信託報酬差し引き後 平均(a)	最高	最低
NASDAQ	1	21.3%	21.3%	21.3%
S&P500	7	19.7%	20.1%	19.3%
MSCIコクサイ	26	18.0%	18.4%	17.4%
MSCI ACWI（除く日本）	3	16.9%	17.0%	16.7%
MSCI ACWI	4	16.4%	17.0%	16.3%
MSCIコクサイ（H有）*	3	8.6%	8.7%	8.5%
DOW30	12	18.1%	18.5%	17.9%
DOW30（H有）*	4	8.1%	8.5%	7.7%
MSCIエマージング	12	7.3%	9.0%	6.4%
以上小計	72			
その他銘柄	38			
合計	110			

のみ取り上げています。

　まず過去3年でも10年でも、NASDAQ、S&P500、ダウ工業株30種平均（DOW30）の米国を代表する株価指数のリターンが突出して高いことがわかります。ただし、すべて円換算したリターンですので、これには2022年以降の円安・ドル高による分が加わっています。この分は今後、円高・ドル安に振れるとはげ落ちます。

　また、同じ米国株価指数連動銘柄でも為替リスクヘッジのある投信は、そうした円安・ドル高によるリターンがなく、さらに為替のヘッジコストが加わっているので、特に過去3年のリターンは10％未満にとどまっています。

最も銘柄数の多いMSCIコクサイは、日本を除く先進国の株価動向を示す代表的なインデックス（指数）ですが、米国株の比重が高いので、変動もリターンも米国株価指数に類似したものになります。既に日本株はある程度保有している人で、海外の株価指数に投資を広げたい場合は、この日本株を除いたMSCIコクサイは適合性があります。

最近の人気筋のひとつであるMSCI ACWIは、日本を含めた先進国から新興国までの株式を対象にしていますが、第3章で述べた通り、米国株以外の特にエマージング諸国の株価のリターンが、過去3年でも10年でも全体的に低く、その分米国株に比べてリターンは低くなっています。またMSCI ACWIにも日本を除くバージョンがありますが、双方のリターンの違いはあまり見られません。

最後にMSCIエマージングは、新興国市場の株式に投資するもので、中国株の比重が大きいのですが、過去3年でも10年でもリスクの高いわりにリターンは日本の株価指数よりも低く、その結果、リスク対比のリターンであるシャープ比率は、ここでのリスト上最も低くなっています。

あとがき

最後までお読みいただき、ありがとうございました。本書が皆様の資産形成の後押しとなれば幸いです。

本編でもご案内した通り、2024年1月1日から18歳以上の国民全員が限度額1800万円（投資元本ベース）まで無期限の非課税口座を持つことができます。これを利用して合理的な資産形成をするかしないかで、20年後、30年後、あるいはもっと先に見える景色は大きく違ってくるでしょう。

公的・私的年金における改正も続きます。1人でも多くの方が、ご自身の長い人生をより豊かで幸せに過ごすために、現役期の働き方も合わせてリタイアメントプランについて考え、その実現のために取り組んでいただければ嬉しい限りです。

また、顧客ファーストの立場で活躍されるアドバイザーの方々、これから挑戦される方も、よりよいコンサルテーションを実施するために本書をご活用いただければと願っております。

最後に、「つみたてインディくん」の開発・公開のためにご支援くださったたくさんの方々に改めて感謝を申し上げます。また、本書の出版に際してご尽力いただき、適切なアドバイスをくださった編集者の網野一憲さんに心より感謝いたします。

著者

著者紹介

竹中 正治（たけなか・まさはる）

龍谷大学経済学部教授、京都大学博士（経済学）
NPO法人みんなのお金のアドバイザー協会アドバイザリーボード・メンバー

1979年東京大学経済学部卒、同年東京銀行（現三菱UFJ銀行）入行。国際通貨研究所チーフエコノミストなどを経て2009年4月より現職。『今こそ知りたい資産運用のセオリー』（光文社、2008年）、『ラーメン屋VS.マクドナルド』（新潮新書、2008年）、『なぜ人は市場に踊らされるのか？』（日本経済新聞出版、2010年）ほか、経済、金融・投資関係の著作、論考多数。

岩城 みずほ（いわき・みずほ）

CFP®、FIWA®、社会保険労務士、企業年金管理士（確定拠出年金）
NPO法人みんなのお金のアドバイザー協会副理事長

金融商品を販売することによるコミッションを得ず、お客様の利益を最大限に、中立的な立場でコンサルティング等を行っている。主な著書に、『やってはいけない！　老後の資産運用』（ビジネス社、2019年）、『「お金」の考え方』（共著、日本経済新聞出版、2016年）、『人生にお金はいくら必要か』（共著、東洋経済新報社、2017年）。

今ならつくれる明日の安心
世代別 新NISA、iDeCo徹底活用法

2023年7月5日　1版1刷

著　者　竹中正治・岩城みずほ
©Masaharu Takenaka, Mizuho Iwaki, 2023
発行者　國分正哉
発行　株式会社日経BP
日本経済新聞出版
発売　株式会社日経BPマーケティング
〒105-8308　東京都港区虎ノ門4-3-12
装丁・組版　夏来怜
印刷・製本　シナノ印刷
ISBN978-4-296-11786-4

本書の無断複写・複製（コピー等）は著作権法上の例外を除き，禁じられています。
購入者以外の第三者による電子データ化および電子書籍化は，
私的使用を含め一切認められておりません。
本書籍に関するお問い合わせ，ご連絡は下記にて承ります。
https://nkbp.jp/booksQA

Printed in Japan